U0923593

图1　父母要给孩子讲规矩

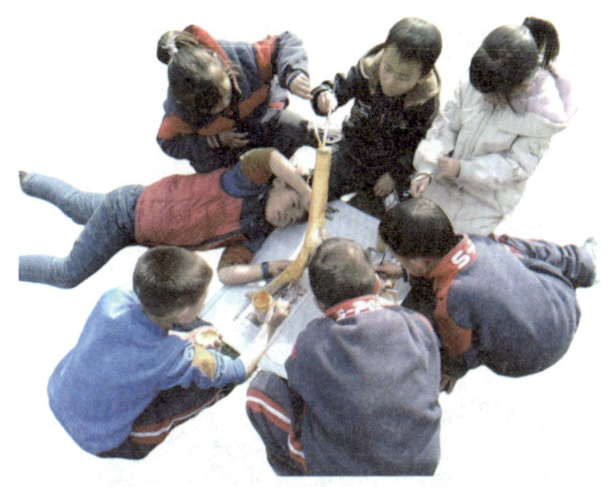

图2　培养孩子自控能力

图5　在生活中培养孩子的兴趣

图6　父母要启发孩子的智慧

图7　培养孩子正直乐观的性格

总主编：周文彪

让规矩

陪伴孩子成功成才

规矩与成长

Rules and Growth

主 编：罗碧华 杨秀丽

中国纺织出版社有限公司

内 容 提 要

本系列丛书共分为《教育与创新》《规矩与成长》《品德与分数》《知识与财富》等10个分册。每章节的论述都以著名教育家陶行知先生经典小故事为引导，分别提出论点、论据，彰显了教育家言行一致的风格。每章结尾处又以陶行知本人的行为规范为楷模，不仅能使读者读懂理论，还能感染父母体会“学为人师，行为世范”的家教风格，进一步揭示了“父母的行为要成为孩子的楷模”这一育子理论，加深了读者的深度思考和理解。

图书在版编目（CIP）数据

陶行知生活教育系列丛书. 规矩与成长 / 周文彪总主编；罗碧华，杨秀丽主编. -- 北京：中国纺织出版社有限公司，2021.12

ISBN 978-7-5180-9215-4

Ⅰ. ①陶… Ⅱ. ①周… ②罗… ③杨… Ⅲ. ①生活教育—儿童教育—家庭教育 Ⅳ. ①G78

中国版本图书馆CIP数据核字（2021）第263000号

策划编辑：闫 星　　责任编辑：刘桐妍　　特约编辑：符 芬
责任校对：高 涵　　责任印制：储志伟

中国纺织出版社有限公司出版发行
地址：北京市朝阳区百子湾东里A407号楼　邮政编码：100124
销售电话：010—67004422　传真：010—87155801
http：//www.c-textilep.com
中国纺织出版社天猫旗舰店
官方微博 http：//weibo.com/2119887771
三河市延风印装有限公司印刷　各地新华书店经销
2021年12月第1版第1次印刷
开本：880×1230　1/32　印张：63.75
字数：1040千字　定价：398.00元（全10册）

•行为养成
•职业感知
•兴趣爱好
兴趣培养
•学习能力
•兴趣特长
•职业认知
行为习惯
•职业规划
•科普知识
•职业体验
社交知识
•人文地理
•礼貌礼仪
•职业习惯
职业发展
学做真人
生存能力
理财能力
分析能力
组织能力
演讲能力
表达能力
管理能力
专业能力
设计能力
创新能力
创造能力
影响力
激励力
组织与授权
监控与检查
灵活应用
个人体验
生活经验
领导经验
管理经验
跨学科知识
产业中的教育感悟
专业导向产业延伸
获取
·知识
·技能
·收入
储存
职业体验
·标准化
·流程化
·科研化
·智能化
应用
培养企业拿来即用的
人
·个人形象
·维护与辩护能力
·冲突管理
·团队工作能力
·客户导向意识
基础教育
·自我定位
·智能管理
·科技创新
·知识传播
规矩与成长
·角色管理
·时间管理
·沟通管理
·目标管理
·激励管理
·绩效管理
·技能教练
企业体验
产教融合
院校教学
岗位体验
职业体验
智商：
认识客观事物，运用知识解决实际问题的能力，掌握处理业务工作所需的技术和工具
情商：
具备处理自己与他人关系的能力
智能养身
运动场
游泳池
健身馆
药膳堂
养生馆
MR体验
职业感知
职业认知
科学实验
技术革新
数学应用
艺术熏陶
创新思维
创新创业
品德修炼
心理调节
情操感悟
教育中的产业渗透
教人求真
社区教育
·教育与创新
·规矩与成长
·品德与分数
·知识与财富
·行为与性格
·尊重与情商
·勤奋与责任
·生存与发展
·音乐与人生
·表扬与批评
·专业与职业
·健康与人生
·安全与生产
通过产教融合，归纳演绎出：团队竞争力和创新、创造力
形成寓教于乐的教育特色：产教融合、协同育人
“三识”
学识
见识
胆识
显性知识：理论、通用（知道）
隐性知识：经验、教训（会用）

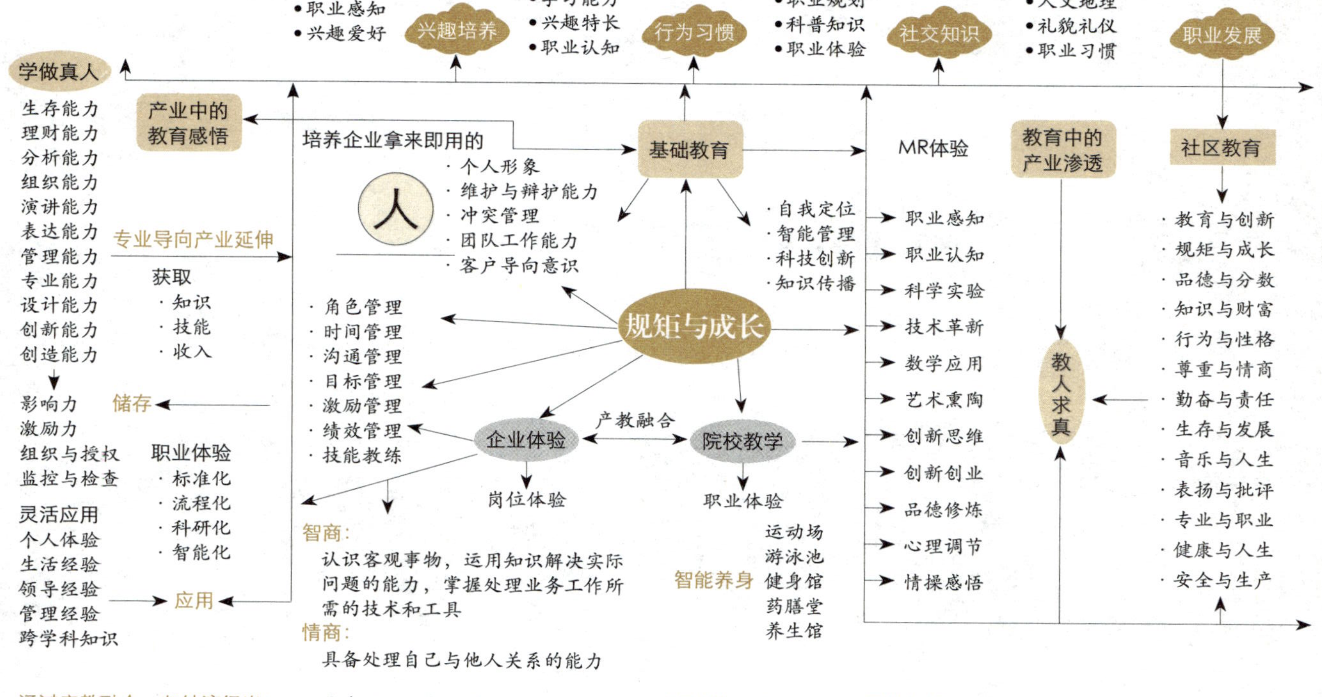

《规矩与成长》框架结构图

TAO XING ZHI SHENG HUO

《陶行知生活教育系列丛书》

JIAO YU XI LIE CONG SHU

各分册主编

第一分册	《教育与创新》	主编	郭洪飞	赵　明
第二分册	《规矩与成长》	主编	罗碧华	杨秀丽
第三分册	《品德与分数》	主编	周文彪	张平原
第四分册	《知识与财富》	主编	刘建清	周　荦
第五分册	《行为与性格》	主编	刘馨阳	郭洪飞
第六分册	《尊重与情商》	主编	周　蔷	李嘉玉
第七分册	《勤奋与责任》	主编	周志平	秦承敏
第八分册	《生存与发展》	主编	刘义光	黎　邓
第九分册	《音乐与人生》	主编	张炜　蒋菡	何薇
第十分册	《批评与表扬》	主编	陈京平	张　炜

序一

闻悉周文彪先生任总主编的《陶行知生活教育系列丛书》付梓出版，尤其是将家庭教育融入陶行知生活教育思想非常必要。为众多父母在子女教育上坚持“行知合一”，用自己的行为做孩子的楷模提供了良好的借鉴。

随着《中华人民共和国家庭教育促进法》的颁布与实施，重视智力发展，忽视道德培养；重视知识学习，忽视能力培养；重视书本知识学习，忽视劳动实践；重视孩子智力发展，忽视情商培养；重视特长培养，忽视全面发展；重视身体健康，忽视心理健康；重视饮食营养，忽视身体保健的倾向越来越没有了市场，众多教育工作者逐步走向培养孩子全面发展的轨道。

父母与孩子的关系就好比土地和禾苗：土地肥沃，禾苗就茁壮；土地瘠薄，禾苗就瘦弱。家庭教育也是如此，父母的行为时时都在感染、熏陶和“塑造”着孩子的人生，孩子的行为、习惯、个性、性格也正是在父母行为的影响下逐步形成的。

大家都希望自己的孩子能接受到更好的教育，成为更优秀的人，这是为人父母的期望，也是整个教育事业必将要达到的目标，因此，我们万万不可忽略父母行为对孩子的影响。

在众多家庭教育中，有成功的经验，也有失败的教训，很多父母对孩子的期望总会产生极大的落差，其中的原因是什么呢？

一则对孩子的期望值过高。不计其数的父母盲目坚守着“望子成龙、望女成凤”的观念，孩子一入学就对他们提出：一定要考多少分，保持班上前几名，初中要考取某某名校，大学要考上985、211，毕业后要从事某高科技、高科研、高薪资的工作，结果，期望值越高，失望越大。

二则对孩子娇生惯养。很多孩子在家“称王称霸”，在外“一事无成”。其原因就是父母总是把孩子看作“温室里的花草”，对孩子提出的条件无限制地满足，平时这也不让做，那也不让做，忽略了孩子自身的锻炼，致使孩子一旦离开父母，走向社会，连最起码的生活自理能力也没有了。

三则对孩子放任自流。有些父母虽然与孩子住在一个屋檐下，同吃一锅饭，却很少交流，一旦交流就是“考多少分？全班第几名？”孩子做不到，就“一顿唠叨或讽刺挖苦”，这种不注意孩子的心理调适，一味压制，到头来孩子只好选择不和父母交流，有的甚至不想往来，还有的父母与孩子竟然像陌生人一样，孩子也干脆不和父母在一起。

四则对子女过度殷勤。随着生活水平的提高，很多父母对孩子过于殷勤，如吃饭的时候，总是喜欢将椅子、碗筷摆好，饭菜盛好，还有的孩子已经上小学了，还要靠父母喂饭吃。

五则用金钱替代教育。父母用金钱替代教育的现象不占少数，我们是否可以静下心来想一想：这样做究竟给孩子带来的是什么？存款、股票、房产、产业，等等？如此下去，孩子将来又会走向何方？培养孩子全面发展岂不是成了一句“空谈”？

特别引以注意的是：一些父母竟然混淆了家庭教育与学校教

育的关系。把孩子成才的期望全部寄托于学校，错误地认为教育就是学校的事，孩子只要考高分，上个好大学，将来就一定能有个好职业。这个误区实在可怕，大家要明白：家庭是教育的最基本、最基层的单位，学校教育是辅助家庭培养孩子成才的，家庭教育与学校教育的区别只是环境不同、教育者与受教育者之间的关系不同、教育者自身的条件不同、教育内容不同、组织管理不同，家庭教育具有广泛的大众性、强烈的感染性、特殊的权威性、鲜明的针对性、天然的连续性以及人生幸福的继承性和教育的终身性与教育方法的灵活性。

《陶行知生活教育系列丛书》在研究陶行知生活教育思想的基础上，对于家庭教育进行了进一步的深入挖掘、整理和延伸，指出了家庭教育在整个生活教育中的地位和作用，突出了陶行知“追求真理做真人”的为人之道，涵盖了早与迟、宽与严、言与行、家与校等多个层面，给父母在子女教育中以启发。

这套丛书从“品德培养要从健康行为开始”“让规矩陪伴孩子成长”“时刻提醒孩子规范自己的言行”“比考试分数更重要的是品德”“给孩子金山不如给知识，再富也别富养孩子”“知识转化为生产力才有力量”“不要忽略创新在教育中的作用”“对孩子的情商培养要从尊重开始”“让孩子在挫折中求生存”“不要忽视孩子生存能力的训练”10个侧面，提出了一系列比较现实的教育观点，通过生活中的一个个典型案例，论述了父母的行为与孩子成长的辩证关系，比如：父母自身素质、教养态度、教育能力、家庭生活条件、家庭成员之间的关系、家庭的社会背景和社会风气、家庭中错综复杂的冲突与矛盾等。促使父母更加重视“家庭教育的优势与劣势”“独生子女教育的优劣”“爱而不娇”“严而有格”“该管则管，该放则放，管放结合”“发展特长和全面发展”“言教和身教”“说服和实践”“掌握分寸选择机会”等重要问题。

在本套丛书即将发行之际，我们期望父母通过本书的阅读，提升家庭教育观念，支持孩子进行科学、文明、道德的修炼，使之在更多的学习活动中获得更多的自主权，从事更加有益的实践活动，在家庭教育中获得课堂上无法获得的知识和能力，使孩子的个性、知识、人格、情操、体质诸方面得以健康发展，让家庭教育与学校教育相辅相成、互相促进、相得益彰，促使孩子德、智、美、体、劳全面发展。

（俞启定　国内首批获得教育学硕士、博士学位的博士生导师，北京师范大学著名教授）

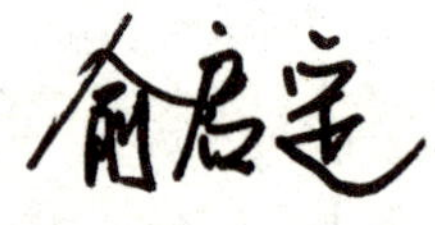

2021 年 11 月 28 日

序二

《陶行知生活教育系列丛书》即将付梓出版，应丛书总主编周文彪先生之邀，特写上以下一番话，表达祝贺之意。

萌芽于1918年，成型于1927年的“生活教育”理论，是陶行知教育思想的核心。

“生活教育”理论是陶行知作为中国现代教育先驱的思想理论基础，开展对“生活教育”理论的深化研究是极具意义的！生活决定教育，教育必须改造生活。“从定义上说，生活教育是给生活以教育，用生活来教育，为生活的向前向上的需要而教育”。

“生活教育”是活教育。“书是不可以死读的，但是不能不活用。”

“生活教育”是“大教育”。它是包括社会、学校、自然、家庭的整个的教育。

“生活教育”是融合教育。通过德智体美劳、军（军事训练）的融合，让学生成为真善美、智仁勇结合的“整个的人”。

陶行知认为，“知识与品行分不开，思想与行为分不开，课内与课外分不开，做人做事与读书分不开，即教育与训育分不开”。求知、品格、赋能的有机结合是学育方式变革的根本途径。

“生活教育”也是“与时代俱进”的教育。唯有与时代俱进，才能成为促进社会不断发展的现代人。

陶行知先生创立的“生活教育”理论，已经成为时代的显学。它揭示了教育的本质，阐明了教育的职能，把握了现代教育的特征与趋势，极具当代价值，也成为新时代教育改革发展的“路向”之一。

在当代，如何深化研究传承“生活教育”思想？可以说，文献式地把陶行知先生的文章、讲话、书信、诗歌等文献资料结集出版的任务已基本完成，诠释式的解读则远远不够！联系实际研究、践行陶行知思想的传承，即把陶行知思想及其教育主张深化研究，汲取其中的思想内核、当代价值并与当代教育实际紧密结合，瞄准当下教育的新问题、新课题，探索教育改革的新思路、新路径尤为重要。

陶行知本身是教育实践的行动家，其教育思想在本质上是一种实践的教育学说，理论与实际结合是“生活教育”的生命力所在，只有从“行知合一”上理解其思想实质，从理论与实践的结合上深化研究，在学育方式变革上深化改革，才是真研陶！

生活是向个体敞开的含有情境和价值的意义总体，包括：教育生活、社会生活、自然生活，当然也包括家庭生活。我国最早在1903年的《教育泛论》中就提出家庭教育、学校教育、社会教育同为国民教育的三大支柱。

学校教育是教育制度的重要组成部分，起主导作用；社会教育是指一切影响于个人身心发展的社会教育活动，起重要辅助作用；家庭教育则是生活中家庭成员之间相互的影响和教育，有着不可替代之作用。

陶行知先生是把三者有机结合的典范。在重庆育才时，其子陶晓光去找工作，因没有文凭，就找人开了张文凭证明。

陶行知先生知晓后非常生气，对其子说："宁做真白丁，不作假秀才"，迅即让其退掉。1940 年 11 月 5 日，陶行知在写给陶晓光的信中说："城（即其四子陶城）每星期六到堡，我也每星期六来一次，教他一些处事待人之方。"

家庭是重要的教育场所。孩子在家的时间远超过在校时间，家庭的环境，父母的行为无时不在影响着孩子的成长；家庭是孩子的第一所"学校"，父母是孩子的第一任导师，而且是一生永恒的导师。学校的教师是可换的，而父母是无法替换的，父母不但给孩子以生命，而且还要塑造孩子的内心世界。学校里一个班，教师要管理四五十个孩子，家庭一对父母只教育一个孩子，而且孩子接触最多的又是父母，对孩子影响最大的也是父母。一个孩子的健康成长将凝聚着家庭几代人的期望，作为一个家庭，把孩子教育好，比什么都重要。

《陶行知生活教育系列丛书》共分 10 册，依托伟大的人民教育家陶行知先生提出的"生活即教育""社会即学校""教学做合一"的教育思想，列举了现实生活中的大量案例，反复论证了"教育与创新""规矩与成长""品德与分数""知识与财富""尊重与情商""勤奋与责任""生存与发展""音乐与人生"等之间的逻辑关系，强调了父母培养孩子成长、成才的作用，突出了言传身教、行胜于言的风格，提示大家：父母的行为要成为孩子的楷模！使读者不仅读懂家庭教育理论，还渗透了"学为人师，行为世范"的育人风格。

《陶行知生活教育系列丛书》抓住了陶行知思想内在价值与当下教育的契合点、创新点，拓宽了陶行知研究的新领域，较好地回答了当下教育尤其是家庭教育面临的难点、重点问题，在研究的广度、深度上有了新的拓展。内容符合未成年人家庭教育的需要，具有鲜明的时代特征，贴近生活，教育思想观点基本是科学的，具有可操作性。文字通俗易懂，简单明了，写法生动活泼，适合一般文化水平的父母阅读。

（吕德雄　中国陶行知研究会常务副会长兼秘书长，原“晓庄师范”党委书记）

吕德雄

2021 年 11 月 29 日

序三

由周文彪先生总主编的《陶行知生活教育系列丛书》刚定稿，准备付梓出版之际，《中华人民共和国教育促进法》正式发布与实施，这让我们备受鼓舞。这套丛书的问世恰逢其时，也让家庭教育从传统意义上的“家事”变成了新时代发展，民族进步的“国事”！

《中华人民共和国家庭教育促进法》首先明确了家庭教育概念，“本法所称家庭教育，是指父母或者其他监护人为促进未成年人全面健康成长，对其实施的道德品质、身体素质、生活技能、文化修养、行为习惯等方面的培育、引导和影响”，之后强调了“家庭教育以立德树人为根本任务，培育和践行社会主义核心价值观，弘扬中华民族优秀传统文化、革命文化、社会主义先进文化，促进未成年人健康成长”。同时，《中华人民共和国家庭教育促进法》规定了学校等社会力量对家庭教育的协同任务，规定了“国家鼓励开展家庭教育研究，鼓励高等学校开设家庭教育专业课程，支持师范院校和有条件的高等学校加强家庭教育学科建设，培养家庭教育服务专业人才，开展家庭教育服务人员培训”。不难看出，一方面《中华人民共和国家庭教育促进法》从家庭教育概念，家庭教育主体责任、家庭教育的内容和方式，家庭教育工作机制，国家支持家庭教育的举措，社会力量对家庭教育的协同任务以及国家机关、国家工作人员带头做好家庭教育工作七个方面做出了法定职责与实施规制，从而成为每个家庭及社会各方自觉践行的必须；另一方面，《中华人民共和国家庭教育促进法》还强调了家庭教育、学校教育和社区教育密不可分，由此为各方教育的深度融合与协同育人提供了理论支撑与法律保障。

《陶行知生活教育系列丛书》正是符合了《中华人民共和国家庭教育促进法》的要义，从《教育与创新》《知识与财富》《规矩与成长》《品德与分数》《行为与性格》《尊重与情商》《勤奋与责任》《生存与发展》《音乐与人生》《批评与表扬》10个方面列举了大量案例，剖析了人生的十大要素，不仅启发父母更加注重家庭、家教、家风，增加家庭幸福与社会和谐，配合社会与学校把孩子培养成德、智、体、美、劳全面发展的社会主义建设者和接班人，也为各方面开展家庭教育专业的学习和培训提供了有益的参考书目。期望本套丛书的发行，能汇聚更大的力量，让家庭教育为实现伟大的中国梦发挥独特的作用！

（呼中陶　原北京师范大学党委副书记、北京师范大学珠海分校党委书记）

呼中陶

2021年11月29日

前言

俗话说“没有规矩不成方圆”，讲的就是这个道理，父母无论怎样爱孩子，也要有规矩。是规矩在保证孩子在良好的环境中快乐成长，规矩就像孩子成长路上的“红绿灯”，时刻提醒孩子修正自己的言行。

不管是家庭教育，还是学校教育，其最终目的都是要培养一个具有高尚品德、强壮体魄、良好习惯、健康心理、有素养、有道德的人，不仅需要父母和教师的“为人之师”，更重要的是给孩子定规矩，让孩子知道：哪些事能做、怎么做，哪些事不能做。

《规矩与成长》一书通过大量的案例，论证了规矩与成长的辩证关系，强调了给孩子立规矩的重要性，深入浅出地提示父母应如何给孩子定规矩、给孩子定规矩的原则等诸多方面的问题，从优秀传统文化中汲取营养，借助古圣先贤的智慧，将传统文化带进家庭，讲述着一个个通过定规矩促使孩子成长的动人故事，不仅为“以人为本”的素质教育奠定了理论基础，还为家庭教育提供了丰富的参考资料。

在书稿完成之际，我们要特别感谢著名家庭教育专家、中国教育学会家庭教育专业委员会原理事长、中国当代家庭教育科学研究的开拓者赵忠心同志，北京师范大学原党委副书记呼中陶同志，北京师范大学资深教授俞启定同志，中国社会福利基金会原名誉理事长缪力同志，中国陶行知研究会常务副会长吕德雄同志在百忙中给予的精心指导；特别感谢中国社会福利基金会、中国教育学会、中国家庭教育学会、中国陶行知研究会给予的大力支持，感谢长期关注生活教育的同仁和北京师范大学珠海分校、暨南大学珠海校区、吉林师范大学分院、《福建基础教育研究》编辑部、湖南工程技术职业学院、范家小学、空直蓝天幼儿园等全国185位高等院校、中小幼校（园）长、教师参与研究与实践，使本书圆满完稿。

由于本书的编写时间和编者水平有限，不足之处在所难免，恳请广大读者给予批评指正。

周洪

2021年11月29日

家庭生活教育的四个维度

1	获取生活兴趣的能力	观察视角：准备 / 倾听 / 互动 / 自主 / 达成
2	与父母的沟通互动能力	观察视角：环节 / 呈示 / 对话 / 引导 / 机智
3	新知识理解与评价能力	观察视角：目标 / 内容 / 实施 / 评价 / 资源
4	家庭环境与文化的熏陶	观察视角：思考 / 民主 / 创新 / 关爱 / 特质

阅读本书的观察视角

1	事前准备	孩子做事前准备了什么？是怎样准备的？
		准备得怎么样？准备充分的概率是多少？
		孩子是否养成了事前准备的习惯？
2	耐心倾听	孩子能否耐心倾听你的话？能耐心听多少时间？
		作为父母你能耐心倾听孩子的心声吗？
		倾听时，孩子有哪些辅助行为？
3	与孩子互动	你与孩子有哪些互动行为？能达成目标吗？
		你与孩子互动的时间、过程、质量如何？
		你与孩子就某一问题讨论的时间、过程、质量如何？
		你与孩子户外活动的时间、过程、质量如何？
		你与孩子的互动习惯怎么样？出现怎样的情感行为？
4	让孩子自主	孩子自主学习（活动）的时间有多少？
		孩子自主学习的形式（探究 / 阅读 / 思考）有哪些？
		孩子自主学习有序吗？有无自主探究活动？
		孩子自主学习的质量如何？
5	目标达成	孩子清楚自己的学习目标吗？
		孩子预设目标达成有什么依据？分几个阶段达成？
		近阶段（1 月 / 半年内）生成过什么目标？效果如何？

6	问题环节	问题是由哪些环节构成的？你是否围绕这些问题沟通？
		这些环节是否面向孩子强调问题的关键点？
		你对不同环节 / 行为 / 内容 / 时间是怎么支配的？
7	正面引导	你是如何引导孩子自主学习 / 工作 / 生活的？
		你对孩子与人的合作能力是如何引导的？是否有效？
		你对孩子探究学习是如何引导的？是否有效？
8	挖潜与启智	面对孩子调皮与犟嘴，你的态度和方法有哪些？
		你如何处理孩子调皮和犟嘴？效果怎么样？
		你使用了哪些非言语行为？效果怎么样？
		你哪些行为感化了孩子（语言 / 体态 / 表情）？
9	共同思考	幸福生活是否与知识 / 技能有关？
		对孩子的引导是否有利于问题的解决？
		怎样引导孩子独立思考并自己处理问题呢？
		家庭气氛能否促使孩子独立自主地生活？
10	民主与创新	你与孩子的沟通效果怎么样？
		孩子参与集体活动的时间是怎样的？气氛如何？
		你的行为是否成为孩子的榜样？
		孩子与其他小朋友的关系如何？
		家庭创新设计、情境创设与资源利用有何新意？
		家庭气氛是否有助于孩子成长？你是如何处理的？
		孩子生活有哪些新目标 / 资源？你是如何处理的？
11	关爱与特质	孩子的生活目标是否面向未来？
		你是如何面对孩子的特殊情况的？
		孩子遇到学习困难时，你是如何关注和引导的？
		家庭环境体现了哪些有利于孩子走出困境的因素？
		家庭环境有助于孩子修正错误、健康成长吗？

目录

Part 1 让规矩修正孩子的不足

Part 2 让规矩促使孩子自控力的形成

Part 3 “兴趣”是促使孩子成长的金钥匙

Part 4 “淘气”的孩子有智慧

Part 5　培养孩子正直的个性

陶行知说：生活历，实为建设生活教育最重要之引导。无生活历，则顾此失彼，茫无所从；有生活历，则一切课程、教材、教法、工具，皆可纳入规范之中，而与生活发生有机体之关系。

让规矩修正孩子的不足

- 何谓规矩
- 没规矩的孩子总惹祸
- 再“爱”也要有“规矩”
- 用规矩规范孩子的“起居”
- 让规矩促使自控能力的养成
- 让规矩促使孩子吃苦
- 让规矩促使孩子交往
- 给孩子定规矩的原则

何谓规矩

规和矩本是古代用来画圆的方法和工具，后来引申为要求人们共同遵守的办事规程和行为准则，它是社会有序运转、人们和谐共处的必然要求，是一种约束，更是一种保障。

规矩不仅是一个人健康成长的前提，也是家庭幸福的源泉和家庭振兴的基石。没有规矩约束的家庭犹如一盘散沙，没有凝聚力，也没有向心力，更没有荣誉感。换句话说，规矩是家庭和睦的保障，没有规矩家庭就没有了章法，家庭成员也就没有了对事物的正确认知。

讲规矩、守规矩，是中华民族几千年来的共同行为规范和道德修养。

俗话说："没有规矩，不成方圆。"说的是做任何事情都要有"规矩"。

一个家庭没有了规矩，就会步调不一，形如散沙；没有了规矩，就会急事办不妥，难事办不清，大事办不成，甚至失去人伦、陷入混乱，总之，没有了规矩，就没有了道德规范。

一个家庭有了规矩，孩子才会做到有章可循，知道哪些是该做的事情，哪些是不该做的事情，家庭才会有真正的和谐、幸福，才能有安定美好的家园。

在一个家庭中，只有父母和孩子都遵守规矩，才能巩固家庭和睦相处的局面，保证孩子健康快乐地成长。

孩子是在不断修正自己不足的生活中逐步长大的，孩子的缺点大多是没有规矩形成的。

做父母的应该让孩子明白：任意妄为，父母可以容忍，走向社会，别人很难容忍。

只有懂得自我约束，守规矩，知道哪些事情该做，哪些事情不该做，哪些事情可以做，哪些事情不可以做，哪些事情怎么做，才能把事情做好。

【案例1】

放暑假的时候，小明经常到邻居小刚家串门。

有一天，小明的爸爸外出回来，看见小明不在家，就去邻居小刚家找他，小刚家的门敞开着，房间里一个人也没有。小明的爸爸发现他正在邻居小刚家里玩变形金刚，地上堆放着七八个变形金，还有两三个刚拆散了的。

爸爸问小明是不是小刚让他玩的，他不吱声。

这时，小刚的爸爸回来了，小明的爸爸主动向他道歉，小刚的爸爸非常谅解地说："玩是小孩的天性，他在拆变形金刚，说明他脑瓜聪明，有动手能力。"说后，还借给小明两个变形金刚。

回家后，爸爸没有责备小明，只是告诉他："以后，在没有得到别人允许的情况下，不要拿别人的东西，这样做不好。"

小明含着泪说："爸爸我懂了，我再也不会了。"

小明的爸爸就这样给小明立下了规矩：不经他人同意，不玩别人的东西。

从此，小明再也没有违反这个规矩。

【分析】

父母通过定“规矩”使小明认识了错误，也是规矩让小明改正了错误，有了规矩小明便知道：哪些事该做，怎么做？哪些事不该做，为什么？小明就在这种“再也没有违反这个规矩”上一点点进步起来了。

【案例2】

1岁10个月的小博雅想听故事，妈妈随手在电源插座上插上故事机的插头，一按键声音就出来了。

小博雅歪着头看看插头、故事机，又看看按键，特别好奇。故事讲完后，妈妈拔下插头，去拿其他玩具给博雅玩。

一转眼，博雅就将小手指伸进了插座，接着“哇”的一声大哭起来。

妈妈用力拍一下他的小手，告诉他：“插座有危险，不能摸，不能摸”，并表现出很生气的样子看着他……然后，拿来几张被电击伤的图片给小博雅讲：“电插座是危险的，不能碰！不能碰！”

为了让小博雅记住，妈妈再一次重复上次听故事的情境，然后，假装去厨房做饭，偷偷地看着小博雅在做什么。

结果，小博雅的小手又想摸那个电源插座，小手指正要插进去的时候，妈妈突然出现，很严肃地“哼”了一声，小博雅的手，突然缩了回来，又去玩别的玩具了。

经过反复训练后，小博雅再也没用小手指去插插座。而且，还常指着那个插座，告诉奶奶和姥姥：“不能动、不能动。”妈妈通过这样的方式，给小博雅定规矩，避免了很多不应该发生的危险。

【分析】

小博雅对大人的每一个举动，都感兴趣，但是，遇到有危险的动作，妈妈便自然地给小博雅定了规矩："电插座是危险的，不能碰！不能碰！"小博雅从不知到知，还进行了亲身体验，最终彻底认知，形成了习惯，不但自己遵守，还提示姥姥、奶奶"不能动、不能动"一起来遵守。

认知：

理解：

做件什么事	怎么做的	做中的感悟

准备：

学会做：

没有规矩的孩子总惹祸

曹某与小伙伴们结伴上学，下了电车从车前绕过，高喊着“冲刺流星”向校门冲去，一辆大货车将曹某碾于轮下。这一沉痛的案例发生的原因是孩子没有遵守交通规则通行，闯入了司机的视觉盲区。

也许有人会认为：孩子那么小，懂得什么规矩？等他们长大了，自然就会知道各种规矩。

事实上这种想法是不对的，一个没有自律的孩子，未来就可能找不到自己的社会地位，也意识不到自己所处地位的重要性，从而丧失基本的生活能力。

譬如，小明家里有一缸金鱼，小明将手伸入鱼缸捞出一条金鱼，金鱼跌落在地上，面对挣扎的金鱼，小明还嘿嘿直笑。

小明对金鱼比较有兴趣，他用自己的方式表达对小动物的喜爱，虽然方式不妥，但是孩子具有这样的好奇心可以理解。

遇到这种情况，没有经验的父母就会大惊失色，吹胡子、瞪眼睛，胡乱批评，这样就会在孩子心中留下负面的影响。

有经验的父母就会把金鱼捡起来，放回鱼缸，让孩子观察对比：刚才金鱼的挣扎和现在金鱼的悠闲，让孩子们体会到金鱼在水里才快活，让孩子们明白：鱼儿不能离开水的道理。

生活中看似细小的问题，其实对孩子的成长是十分关键的。孩子不良行为的形成大多是由于父母对孩子没有定规矩或溺爱。

有些父母把爱都倾注于孩子身上，久而久之孩子就会认为“好吃的归我，好玩的也归我”，不知不觉地就会养成只顾自己，不顾他人的自私心理和自私自利的生活习惯。

有些父母由于溺爱而忽视对孩子情感方面的培养。比如，有的父母只知道给孩子购买各类高档食品、服饰、玩具等。也有的父母对孩子的“智力投资”毫不吝惜，省吃俭用也要为孩子购买高档的“启智玩具”，从不重视孩子思想品德的培养，也不关心孩子的情感生活。

这种“重智轻德”的做法，只能使孩子缺乏仁爱之心。

还有的父母“护犊子”，常常教孩子：“别人打你一下，你就还他两下。”这种护犊子行为，很难使孩子做到对他人的“谦让”和“友爱”。父母认为自己如此疼爱孩子，等他们长大了自然会回报父母的。这样一来，孩子就很容易认为父母对他做的一切都是应该的，从来不想回报父母的事。

从小没有得到“爱”的孩子，长大后很难想到“爱”

别人，问题就出在孩子总认为：别人对他做的一切都是应该的，从来不想回报别人。

尤其是当下有很多孩子，情绪难以自控。

自控是一种内心的自我对话，可以提醒自己：遇事要冷静，不要惹人发怒或失态。

如果一旦被某件事调动起自己的情绪，就要稳定心神，把气调顺了，摆脱不良情绪的影响，再次回到理性思考的状态。

【案例1】

3岁半的嘉嘉从幼儿园回到家，第一件事就是打开iPad玩游戏，1个小时过去了，妈妈端来一盘水果给他吃，顺手拿走了iPad。

嘉嘉立刻从沙发上跳下来，去夺妈妈手里的iPad。

妈妈说："已经玩很长时间了，该让眼睛歇歇了。"嘉嘉"哇"的一声大哭起来："不，我就要玩！就要玩！……"

妈妈坐在旁边看着他哭闹，时不时给他擦擦脸。

嘉嘉也时不时瞥妈妈一眼，看妈妈没有反应，声音渐渐就小了。

妈妈看他不哭了，对嘉嘉说："你看，你都玩1个多小时了，这么长时间，会伤害眼睛的，你哭闹是解决不了问题的，为了爱护好眼睛，以后玩游戏不能超过20分钟。"

嘉嘉低着头说："知道了，妈妈。"

【分析】

妈妈说："已经玩很长时间了，该让眼睛歇歇了。"

既定规矩，又有关爱。

“不，我就要玩！就要玩！……”妈妈坐在旁边看着他哭闹，时不时给他擦擦脸。有管教，又有关心。

嘉嘉低着头说：“知道了，妈妈。”心服口服，不得不改。

【案例2】

妈妈叫多多吃饭，多多只顾玩她的音乐娃娃，头也不抬。

妈妈大声说：“快来吃呀。”叫了几遍，多多依然专注她的音乐娃娃，妈妈忍不住端着饭菜坐到多多跟前，正要把半只虾喂进多多的嘴里。爸爸立刻制止说：“吃饭时间全家人都要坐在餐桌前一起吃饭，你要再不过来吃，我们就把大虾都吃光了，你今天就吃不到了。”

多多依旧摆弄着她的音乐娃娃，等她抱着她的音乐娃娃过来吃饭时，爸爸告诉她：“大虾已经吃没了，要想吃，只能等明天做新的了。”

第二天吃饭的时候，多多便提前坐到餐桌前等着吃美味的大虾了。

【分析】

爸爸：“吃饭时间全家人都要坐在餐桌前一起吃饭……”“大虾已经吃没了，要想吃，只能等明天做新的了。”这就是在定规矩。爸爸定的规矩使多多“提前乖乖地先坐到餐桌前”，是“规矩”，而不是溺爱和命令起的作用。

认知：

理解：

做件什么事	怎么做的	做中的感悟

准备：

学会做：

再“爱”也要有“规矩”

很多父母都希望给孩子充分的自由，给孩子最好的东西。所以，一味地纵容，觉得“只要他喜欢就好”“孩子高兴才是最重要的”“这些规矩长大了孩子自然就懂”……如果没有爸爸妈妈制定的规矩来约束孩子，孩子就很容易为所欲为，更不懂得判断自己言行是好的还是坏的。这样的孩子长大后就会变成一个不遵守规则的人，对于孩子的健康成长也会有非常大的影响。

“爱孩子”和“立规矩”不是单选题。

生活中父母对孩子管得太少和管得太严都不少见，出现这种情况主要有两种类型。

一种是溺爱型的父母，他们认为：将来孩子要面临的压力已经很大了，趁着现在还小，给孩子一个快乐的童年，放纵孩子一下也不会对他未来造成什么影响。

一种是严厉型的父母，他们认为：没有规矩，不成方圆。如果不从生活细节上管教孩子，孩子步入社会就无法立足。

这两种类型听起来都有些道理，问题就出在这些父母处理问题的方式上，他们在“溺爱孩子”和“严格管教”之间做起了单选题，形成了一种非此即彼的选择，这样一来就造成：“溺爱孩子”家庭的孩子没规矩、不懂礼貌、不懂尊重他人；“严格管教”家庭的孩子谨小慎微、循规蹈矩。

【案例1】

星星是个漂亮可爱的小女孩，可是最近在幼儿园里有好几次衣服袋里都会掉出小玩具，有一次小朋友的玩具找不到了，结果在她的衣橱里发现了。

小朋友们经常告状，说自己东西不见了，一定是星星拿走的。

此时的星星总是脸涨得通红，一言不发，问她时要么什么都不说，要么哇哇大哭。

【分析】

孩子常有因好奇拿走别人东西的情况，玩完后便随手一扔，如果父母或教师以这些蛛丝马迹对孩子大加指责，是片面而又不负责任的。不管星星的动机如何，父母所要做的只能是保护孩子的自尊心，从定规矩纠正习惯入手，帮助她逐渐改掉坏习惯。

一方面，要引导孩子自己的东西自己整理好，别人的东西要当着主人的面玩或在征得对方同意后才能借走玩，并且要及时归还，放学时每个孩子都要整理好自己的橱柜才能离园。

另一方面，如果发现不是孩子自己的东西带回了家，应当及时和老师联系，并在第二天还到班级里。

【案例2】

幼儿园里有一处假山小桥，中间还有一个小池塘。

一次体育活动，孩子们都在玩球类游戏，小杰抱着个皮球来到池塘边，要把皮球扔到池塘里去，被老师及时制止并把他带回场地中央。

过了一会儿，小杰又跑去池塘边，还带了三四个小朋友，场面十分危险。

看来小杰是“屡教不改”，老师的第一次制止并没有起到作用。这次他是故意调皮捣蛋，还是另有想法呢？

老师没有再次批评小杰，而是耐心地询问原委。

经了解，小杰原来是在尝试不同的拍球手感，他说：其他小朋友都在塑胶地上拍，他想换个地方，试一下在草地上、小桥上和石子路上拍球的不同感觉。

小杰的回答，让老师感到：小杰这哪里调皮捣蛋啊，分明是在探究、创新、发明，同时产生了另一种教学灵感。

【分析】

小杰的探究让老师产生了一种新的教学灵感，师生们一起设计了“我在哪里跳得高”的球类探究活动，经过探究，孩子们总结出塑胶地上球的弹跳最好，而小杰也不再做那些危险的动作了。这就是集体的力量、环境的影响，它使小杰有了转变。

认知：

理解：

做件什么事	怎么做的	做中的感悟

准备：

学会做：

用规矩规范孩子的“起居”

养成良好生活习惯的关键在于有“规律”地生活。比如，让孩子长时间遵循作息规律，致使宝宝到时间就饿，到时间就困。

有些妈妈常常产生这样的疑惑：为什么我家的孩子到睡觉的时间总是不睡觉呢？孩子吃饭的时候总想玩，是不是平时忽视了对他（她）的“培养”呢？很多父母总结道：孩子小没有自控力，这就需要父母帮助他（她）把控时间，让孩子规律作息，首先要做到以身作则。

譬如，根据孩子的个性制定一份作息时间表，没有特殊情况不要轻易打乱，让时间表调整孩子的生物钟，如果孩子起居不规律，开始执行的时候就需要耐心，不能操之过急，时间久了就会有所成效。

如：让孩子养成早睡早起的良好习惯。要给孩子讲明白：晚上10点前一定要入睡，因为晚上10点以后是生长激素分泌的高峰，如果晚于10点睡觉就错过了长个子的最好时间。午睡时间不适宜太晚，中午12点—下午3点是最佳时间。

带孩子外出游玩要有计划，有准备，不要忽视孩子的作息。妈妈们牺牲一些其他时间，多陪伴孩子，自己所得到的和给予孩子的更有价值。

晚上睡觉前一小时，打开昏黄的小台灯、洗一个热水澡、讲讲小故事等，让孩子兴奋的神经松弛下来，帮助孩子营造宁静的睡眠氛围，这些都是用规矩规范孩子起居的好方法。

【案例1】

一次，美国商人巴布森乘专机到以色列参加一项商务谈判，到达的那天恰好是周六，与美国交通拥堵的情况不同，这里汽车稀少，交通畅通无阻。

下飞机后，他问一位犹太商人舍温里：“你们首都的车辆这么少吗？”舍温里解释说：“你有所不知，我们犹太人从每周的星期五晚上开始，一直到星期六的傍晚为止，禁烟、禁酒、禁欲，摒除一切杂念，一心一意地休息和向神祈祷，所以街上来往的汽车比平日起码减少一半。从周六的晚上起，才是我们真正的周末，也是我们尽情享受的时候。”巴布森感叹说：“你们犹太人真懂得休息与享受。”舍温里说：“健康是犹太商人的本钱，要想有健康的身体必须吃好、睡好、玩好。”

【分析】

犹太人虽然长久浪迹天涯遭人歧视和迫害但并没有因此而消失，这与他们注重养生是分不开的。和，舍温里说得一样，犹太人都认为唯有拥有健康的身体，才能获得成功，才能享受快乐的人生。

【案例2】

女儿：“我可以现在吃薯片吗？”

妈妈：“可以，不过现在快吃饭了，你现在可以吃三片，但饭后再吃可以吃六片。”

女儿：“算了，我还是饭后吃吧……”

女儿：“我现在可以出去玩沙子吗？”

妈妈：“可以，但现在是睡午觉的时间了，要是现在玩你可以玩半小时，睡好起来玩，可以玩一小时。”

女儿：“那我还是现在去睡觉吧。”

【分析】

“薯片”是女儿喜欢吃的食物，饭前女儿要吃，妈妈说

“现在可以吃三片，饭后再吃，可以吃六片”，没有直接制止女儿“不能饭前吃”，可女儿为了“饭后吃六片”，而放弃了“饭前吃三片”，这就是定规矩，这种方法不仅尊重了女儿的兴趣，还自然给女儿定了规矩。

认知：

理解：

做件什么事	怎么做的	做中的感悟

准备：

学会做：

让规矩促使自控能力的养成

自我控制能力是人类最实用的技能之一，人们常常依靠它来抵抗外界的诱惑，拥有较强的自控力的人，有着更高的自尊、更强的人际交往能力和更少的缺点。

怎样提高孩子自我控制的能力呢?

最新的研究显示，可以通过抽象推理增强自我控制力。

诱惑常以各种方式袭击孩子，而且常常是十分有力而充满动物野性的，是一种看起来不可能抵挡的袭击。

平时花太多的钱，吃太多的零食，让太多的时间被情绪操纵着大脑等，都是孩子必须要控制的行为。

人类之所以文明就是因为人具有自我控制的能力，能抵抗各种诱惑。没有了自我控制，人类文明将不复存在。

只要我们留心身边的人和事，就不难发现：人类的各类冲动实在是太频繁了，而且自我控制经常屈服于冲动。

控制不良行为是一项非常重要的自我控制能力培养，包括控制自己的情绪以及控制自己的欲望，比如贪玩的欲望、贪吃的欲望、贪财的欲望等。

无数事实表明：能够控制自己才能改变自我，不断进步，如果不善于控制自己，人生就会原地踏步。

【案例1】

妈妈规定女儿夏天每天可以吃一只冷饮。有一天，女儿突然提出要多吃一只。

妈妈回答："可以，但有个条件，你今天多吃一只，那明天、后天就不能再吃，你可以选择每天一只，也可以选择今天多吃一只，放弃明、后两天的份额。"

女儿选择了"今天多吃一只"，以后的两天没能再吃到冷饮，于是，这个规矩只打破了一次就再也没打破了。

【分析】

3岁内的孩子可先立规矩，再讲道理，道理懂不懂没关系，妈妈说："可以，但有个条件"，这里的"条件"，就是规矩。

【案例2】

晓晓7岁时，跟妈妈一起去参加爸爸同事的婚礼。

到了酒店，晓晓发现有许多跟她年龄相当的小朋友，高兴极了，很快就相互熟悉并一同玩了起来。

婚宴就要开始了，晓晓想跟小朋友们再玩会儿，便对妈妈说："妈妈，我不饿，想再玩一会儿"。晓晓的妈妈没有直接拒绝她，心想："现在不吃待会儿肯定要饿。再说，别的小朋友也要吃饭啊！"果然，跟晓晓一块玩的小朋友们都被爸爸妈妈叫去吃饭了。这时晓晓才坐下来胡乱吃了几口，喝了两大杯饮料之后，看到有小朋友下桌子了，便说："我吃饱了。"

晓晓的妈妈没有拦她，而是向她确认："你真的吃饱了？待会儿可没得吃了。"晓晓想了想说："妈妈，能把香芋酥给我打包留着吗？"晓晓妈妈摇摇头："这可能不行。因为摆在桌子上的香芋酥是大家的，不可能为你一个人留着，让其他人吃不到。如果你待会儿饿了，妈妈可以专门去给你叫一份儿，不过，你得自己掏钱再买。"晓晓摇摇头："算了，还是吃饱再去玩吧。"同桌的阿姨看后把香芋酥放到晓晓妈妈旁边，意思是晓晓喜欢吃可以带回去，被晓晓妈妈笑着拒绝了，而晓晓却自己夹了两块，放在了一边。

吃完饭，有人问晓晓妈，如果她今天真的不吃饭要先玩，你会答应吗？晓晓妈说："不行，那太迁就孩子了。孩子什么时候吃饭，吃什么，是她的自由。对这个年龄的孩子来说，玩比吃更有吸引力。如果父母让她吃饭，不让她玩，就等于间接地把'吃饭'跟'玩'对立起来，孩子对'吃饭'就会产生排斥情绪。另外，孩子是饿不着的，她饿了自己会找吃的。"

【分析】

晓晓妈就是这样从尊重孩子的角度出发，给孩子定规矩的。孩子想先玩，要求把喜欢吃的"香芋酥"给她留着，这当然不行。在孩子对"玩"产生兴趣的时候，先"玩"还是先"吃"就形成了一对"矛盾"，"玩"是孩子的天性，不能阻止，吃也是孩子的身体需要，不能少，晓晓妈让孩子先玩，想再吃，就必须自己掏钱再买，这就是在给孩子定规矩："什么时间玩？什么时间吃？"，不能想"玩"就

"玩"，想"吃"就"吃"。

晓晓妈妈的行为使孩子感觉到：做任何事情都应该是有规矩的，自己要学会控制。

认知：

理解：

做件什么事	怎么做的	做中的感悟

准备：

学会做：

让规矩促使孩子吃苦

过穷日子更能培养孩子的情操。

在成功者的队伍中出生在平常家庭、农村、小城镇的占据了85%以上，就是因为在童年时期他们经历了家境不景气的磨炼，从小具备了独立自主的能力。

孩子刚出生的时候，自我控制能力都是很差的。步入社会，有的人处理问题比较成熟，有的人处理问题比较幼稚，这就是后天培养的结果。

一个自控能力强的人能够理智地处理问题，获得别人的尊重，让自己拥有更多的朋友。

生活中常有些孩子的行为令人忧虑：吃饭时把自己爱吃的菜拿过来，独自享用；对身体有缺陷的小朋友随意捉弄、取笑；把蜻蜓的翅膀拔掉或者把头扭下来；残酷地把小狗的腿打断等。

这些现象都是缺乏关心他人，没有同情心的表现，孩子一旦形成习惯，长大后就很难成为健康有用的人。

【案例1】

3岁的小童，要求每天吃两次冰激凌。妈妈对他说："冷饮吃多了会不舒服。"

小童不理解，妈妈便依着儿子每天吃两次。

一个星期过后，小童开始咳嗽、流鼻涕，还吐了两次清水，他告诉妈妈说：“难受，不舒服。”

妈妈说：“这就是冷饮吃多了的后果”。

从那以后，儿子再也不要求一天多吃冷饮了，还主动约束自己，一天只吃一次。

【分析】

“小童不理解，妈妈便依着儿子每天吃两次。”当孩子不理解大人的劝告时，妈妈采取了“让他亲自试一试”的办法，这就叫“亲知”，孩子经过亲身体验，明白了道理，改正了错误。

【案例2】

儿子以前擦鼻涕，废纸常常扔在地上。

爸爸说他总是不听，还故意作对，一个3岁的孩子，居然敢反抗爸爸。

妈妈说：“哎哟，纸扔地上，你给它捡回来不就得了。”爸爸不同意。

一个冬天里，爸爸就把儿子关在门外。

儿子害怕了，过了几分钟，便敲起门来。

爸爸问他：“回来干吗？”儿子说：“回来捡纸。”

从此以后，儿子再也不往地上扔纸了。

【分析】

给孩子定规矩，就要有规矩的严厉性和合理性，否则，靠同情和软弱，都是很难实现的。

“冬天里，爸爸就把儿子关在门外。”为了规矩的严肃性，严格的管教还是需要的。

认知：

理解：

做件什么事	怎么做的	做中的感悟

准备：

学会做：

让规矩促使孩子交往

微软前副总裁张亚勤博士从小被称为“天才”，就是因为他从小就有严守规则的习惯，这种习惯对他后来的学习和工作起到了至关重要的作用。

另外，大多数成功人士，年幼时都具有良好的家庭教养即：良好的家规、家风、家教，所以说，父母的行为对孩子的一生将产生至关重要的影响，对孩子的事业成功是十分重要的。

父母应该怎样促使孩子养成严守规则的习惯呢？

1. 从小就树立起严密的规则意识

“没有规矩，不能成方圆”是句俗语，至今依然受用。无论是在校园学习，还是家庭生活，人们总会受到各种规矩的束缚，正是因为有规矩才保证了社会的和谐和孩子的健康成长。

规则意识的养成不是一朝一夕的事，需要有耐心、有恒心地培养，才能养成遵守规则的好习惯，当规则意识转换为自律时，自身素质就会提升，就会构建起处处守规则的育人环境。

2. 平时就要在规矩的约束下健康成长

规则即：家规，是由家庭成员共同商定和遵守的。

制定规则即家规，在孩子3岁以下一般由父母制定并引导孩子遵守；3岁以上到9岁由父母同孩子共同制定、共同遵守；9岁以上是孩子与父母商定后由孩子主导共同遵守。规则即家规不是强迫的，而是自动自发遵守的，强势命令会演变为“权力”，“权力”规则不利于孩子健康成长。

日常生活中，孩子对规则总想试探性地挑战，当不愿意遵守时，会用：哭闹、耍赖、发脾气等方式试探拒绝，有些父母往往采用两种不利于规则持久履行的方法：要么向孩子妥协（规则无效了），要么强硬坚持，甚至打骂，使规则变为“权利”（规则变成强制）。

定家规父母首先要以身作则，让父母的行为影响孩子的行为，明确规则即家规是必须遵守的，任何与此相悖方式都是无效的；其次，父母要用严父慈母的姿态面对孩子，让孩子明白守规则的利害关系，使之自动自发地守规则；最后，孩子守规则时，要及时激励，促使孩子守规则的行为形成永久的习惯。

【案例1】

张师傅从孩子一上学就给孩子立了规矩：每天早上必须扫完地才能去上学，从小要求孩子，一直坚持到孩子18岁都没有改变。

于是，孩子上大学后，见到扫把就手痒，养成了勤于打扫的习惯。

张师傅还告诫孩子：农村出身更不能懒惰。因此，孩子特别喜欢为他人服务，同学们也比较喜欢他，后来，孩子做任何事情，都会得到大家的帮助，大家也愿意和他一起做。

【分析】

“喜欢为他人服务”是从“每天早上必须扫完地，才能去上学”这个规矩开始培养的。可以说，以小见大，小时候的一个小规矩，使孩子养成了一个好习惯。

【案例2】

俞师傅的儿子小时候不喜欢分享玩具，于是，俞师傅逢事总和儿子分享。后来发现：儿子为人并不小气，以前给儿子买10个小灯笼，别的孩子向他要，他一下子就把10个都给了，俞师傅觉得这样挺好，至少儿子为人大方和为人处世没有私心。

俞师傅对儿子的要求并不高，只要诚信、诚实、负责、友好、善良就好，后来，儿子果真具备了这样的品德。

俞师傅觉得培养孩子只要“真诚”，其他，多点少点都不要紧。

【分析】

“儿子小时候不喜欢分享玩具，于是，俞师傅逢事总和儿子分享。”这就是父母的榜样作用，用自己的行为，促使孩子养成好习惯。

认知：

理解：

做件什么事	怎么做的	做中的感悟

准备：

学会做：

给孩子定规矩的原则

给孩子定规矩要坚持以下原则。

1. 规矩要保证孩子能遵守

规矩要简单，使孩子稍微努力就能做到。规矩可以是书面形式，也可以是约定俗成，即不成文的约定。规矩要得到孩子的承认和认可，定出来要有利于孩子不断进步。

2. 规矩要有助于实现

规矩要目的明确便于监督，要有可预测的方式，使孩子的生活更有条理，要引导竞争、多边对话。

3. 规矩要有制约性

让规矩维持家庭和谐，不管这种规矩是父母设定的还是同孩子约定，只要是规矩，就要有制约性和绝对的约束力。

孩子的行为是一种在一定的范围内可以得到许可的行为，而不是一种完全无拘无束的行为。

这种许可包括长辈的许可、父母的许可，都是规矩制约性的表现。

4. 规矩要有约束力

定规矩要有利于保证孩子独立能力、自由思维、自信心的形成。

规矩的约束力要有利于给孩子创造一个宽松而有约束的环境，给孩子定适当的规矩，也要给孩子一定的自由和空间，不要过多干涉孩子。

约束力不能代替同孩子的沟通，有约束更要注意保证跟孩子平等地交流，不能盲目地指责。

定规矩不能有“粗暴的命令、强迫”的条文。

有的家庭规定：“孩子不能犟嘴，父母让做什么就做什么，孩子必须听大人的话，大人说什么就是什么，孩子必须无条件地服从，父母说了算”等，这样的规矩孩子很反感，会使孩子养成唯唯诺诺的性格，遇事不敢独立判断，不利于孩子的健康成长。

父母给孩子定的规矩一定要跟孩子讲好，保证孩子健康成长，这样定的规矩才能切实管用，保证实施。

5. 规矩要民主

父母要做到和孩子共同约束、共同遵守。

规矩不仅仅是立给孩子的，父母也要遵守，以身作则，这样才能起到规矩的效果。

孩子违反了规矩之后，父母要以“理”服人，这个“理”就包括“家庭规矩”，“惩罚”也要按规矩规定的方法进行，不能用粗暴的手段随意“暴打”“辱骂”等。另外，父母和孩子共同遵守规矩，才能保证规矩对孩子没有伤害，而且还能起到遏制孩子犯规的作用。

6. 规矩要简单易懂，让孩子容易遵守

孩子的自我控制能力没那么强，立下非常复杂的规矩，反而让孩子感觉规矩太多了，有的事情可以放手让孩子去放纵下、体验下。

孩子违反规矩不要指责，要多引导。

有些事情，如果规劝不管用，可以换一种办法。比如，孩子只想吃肉，不想吃青菜。父母劝他吃青菜，可是孩子就不想吃。此时父母可以在孩子面前吃得津津有味，让孩子在一旁看着。孩子就很可能会主动要求吃一些，这是教育孩子

守规矩的技巧。

父母对于孩子自己喜欢的事物，不要过多地插手，这样可以培养孩子独立自主的能力，孩子在定下的规矩之内自由活动，父母不要有任何干涉。

有时候孩子玩得正尽兴，一些父母不断地提醒甚至大声喊叫："这样玩不行，那样玩也不行""玩的时间太长了，该停下了""坐地上太凉，要拿个垫子垫上"等，这样一来，不但导致孩子注意力难以集中，还会打击孩子玩的积极性。

父母经常犯的另外一个错误就是自己没表达清楚，就急于给孩子讲真理，当孩子误会父母的意思时，马上开始指责。

有个"白菜效应"理论，讲的是一盆菜毁掉孩子一生的故事，虽然有点夸张，但是说明了正确的教育方法对孩子成长的重要性，如果方法不当，本来是一个好孩子，也会被我们不当的教育方法毁掉，本来孩子是可以成才的，因为成长环境不利，也会毁掉孩子的一生。

人的成熟需经历很多风雨，让孩子在蜜罐中长大，什么事情父母都大包大揽，孩子就缺乏必要的锻炼，一旦碰到生活中的困难，就不能独立地去应对。

孩子独立的能力是从小培养的，要鼓励孩子去做自己喜欢的事情，自己感兴趣的事情，充分地让孩子放松，自由地成长。

给孩子宽松的环境并不是说让孩子放纵地成长，家庭中完全放纵的民主也是不可取的，因为孩子的身心并没有发育成熟，过早地随心所欲很容易让孩子学坏，这就是我们强调要给孩子定规矩的主要原因。

【案例1】

明明的父母为了让他按时进餐，特别注意自己的行为，到进餐的时间，爸爸准时坐在餐桌旁，吃饭的时候没有特殊的事儿，大家都是安静地吃饭，不挑挑拣拣，每次都把饭菜吃得干干净净。

明明在幼儿园经常因为不剩饭，不挑食，吃完饭把餐具规规矩矩摆放在小餐桌上，常常得到老师的表扬。

【分析】

“到进餐的时间，爸爸准时坐在餐桌旁”，多好的榜样作用啊！父母不用多说，孩子良好的进餐习惯就自然养成了。

【案例2】

小庄吃饭时总磨磨蹭蹭，妈妈告诉他：“30分钟吃完，否则饭我就端走了。”

小庄加快了速度，吃着吃着又摆弄起其他玩具来，妈妈提醒了他：“还有10分钟，如果没吃完，晚上玩游戏的时间就取消了。”小庄一听，赶紧又吃了起来。

【分析】

“还有10分钟，如果没吃完，晚上玩游戏的时间就取消了。”妈妈的一个提醒，孩子立即就行动起来了。所以说，有时候，给孩子提醒也是很重要的（图1）。

认知：

理解：

做件什么事	怎么做的	做中的感悟

准备：

学会做：

本章复盘

◎ 小问题

回答下面的问题，帮助你理解给孩子定规矩在家庭教育中的必要性。

1.给孩子定规矩的目的是什么？

2.给孩子定规矩首先要做到什么？

3.给孩子定规矩的步骤是什么？

4.给孩子定规矩有哪些要注意的环节？

5.给孩子定规矩有什么效果和表现？

6.给孩子定规矩和掌握知识应该如何区别？

7.给孩子定规矩的方式不同，效果有什么不一样？

8.给孩子定规矩的过程中遇到哪些问题？

如何做更好的父母

◎收起你的懦弱，摆出你的姿态，培养孩子健康良好性格，不要打击孩子的积极性！

◎就算周边的人（含家庭成员）都否定孩子，你也要相信孩子，不要管别人的看法。

◎孩子的能力是通过给孩子定规矩培养出来的，要相信，世上本没有做不到的事，只有不做，才适得其反。

◎不管孩子如何，都可能不被欣赏，总有人认为他不够好，不管别人怎么看，你都不能不注意培养孩子的良好习惯！

“管理好自己”思考题

【反向思维】

◎给孩子定规矩没有用，孩子总不愿意学习！

◎给孩子定规矩到位了，孩子还是不好好学！

◎我给孩子定规矩，道不同不相为谋！

◎给孩子定规矩不到位，反而被别人瞧不起！

【正向思维】

◎给孩子定规矩之后，家庭和睦了！

◎给孩子定规矩之后，孩子的能力提高了！

◎给孩子定规矩之后，家庭关系、父母与孩子相处更融洽了！

◎给孩子定规矩之后，与孩子的误会没有了！

与心对话

每日一问：

家庭生活中总有一些磕磕绊绊的冲突点，很多事情都需要给孩子定规矩，你面对这些问题是怎么解决的？你身边的家庭又是怎么处理的？

请将在家里看到的记录下来：

陶行知说：是好生活就是好教育，是坏生活就是坏教育；是认真的生活，就是认真的教育，是马虎的生活，就是马虎的教育；是合理的生活，就是合理的教育，是不合理的生活，就是不合理的教育……生活教育是供给人生需要的教育，不是作假的教育。人生需要什么，我们就教什么。

让规矩促使孩子自控力的形成

- 何谓自控力
- 自控力不足的表现
- 自控力不足的原因
- 自控力要从“小”培养
- 自我管理能力培养

何谓自控力

自控力即自我控制的能力，是指对一个人自身的冲动、感情、欲望以及面对一些事物、突发事件、感情问题、金钱权利等一系列诱惑的自我控制。

自控力是指对生活和事业中发生事件的控制感，即是否能支配自我的一种能力，如能否支配自己的成功与失败；能否支配人际关系的交往；能否支配自己的人生走向等。

自控力作为人生的主要技能之一，依靠它来提升抵抗诱惑，提高学习与生活、工作的各种能力是父母必须关注的。

在家庭生活中，各类不良的诱惑以各种方式袭击着孩子，在孩子的生活中许多诱惑是很难抵挡的，如：孩子太多的时间被情绪所操纵，总喜欢做自己想做、想吃、想玩的东西等，这些只有孩子具有较强的自我控制能力，才会被控制。

控制不良行为是一项非常重要的能力培养，包括控制情绪与欲望，如贪玩的欲望、贪吃的欲望、贪财的欲望等。

能控制自己才能改变自我，使自己不断进步，如果不善于控制自己，人生只能原地踏步。

一个自控能力强的孩子能够理智地处理各类问题，同时获得别人的尊重，让自己拥有更多的朋友；反之，则不会处理问题，难以被人尊重，自己的朋友也寥寥无几。

孩子自控力差与哪些因素有关呢？

孩子没有时间观念、做事精力不集中、喜欢发脾气、做事拖拉、沉迷于手机游戏不能自拔，这些都是自我控制能力差的表现。

如果父母用强制的方法，如冲孩子大声“吼”，只能换来孩子的抵触情绪和逆反心理，并且还会加剧孩子不良行为的形成。

父母要认识到：孩子的这些毛病源于他（她）的成长环境和家庭教育，作为父母一定要先反思自身存在的问题，才能有效解决孩子出现的问题。

孩子刚出生的时候，自我控制能力都比较差。

为什么长大后有的孩子自我控制能力强，有的孩子自我控制能力差呢？原因很简单：这就是父母在培养孩子自控能力方法上有所不同。

孩子在2—3岁时，就可以听懂大人的讲话了，此时父母就要跟孩子立规矩，什么该吃，什么该做，都要和孩子说好，对孩子的奖惩也要分明。这样孩子的自控能力就会有所提升。比如，孩子持续看动画片2—3小时，父母就要给予时间限制；孩子只喜欢吃喜欢的食品，父母就要给予规定应该吃的另外食品；孩子睡觉前喜欢玩、不按时作息，父母就要给予规定作息时间；孩子做作业总是磨磨蹭蹭，父母就要限制时间完成等。

为增强孩子的自我控制能力，父母应及时采取相应的措施，及早给孩子定规矩，更好地提升孩子的自我控制能力。

【案例】

子晨是个有名的机灵鬼，他活泼好动，嘴巴特别甜，和陌生人一下子就能相处好，但和小伙伴却不融洽，几乎每天都有小朋友来告状："子晨打我了。"

在一次活动中，妈妈发现子晨的自制力很差，特别表现在上课时不遵守纪律，在座位上吵闹，影响正常的教学活动。如果老师表扬了别人，他就会大声吆喝："我也坐好了。"从他的眼神中，不难发现：他非常想得到老师的表扬。

为此，小朋友们都不喜欢他，他在集体中感到很孤单。

子晨刚入园时，常常回家哭着告诉妈妈：某某小朋友和他打架了。父母为了保护孩子常随口就说："他打你，你就打他。"

由于爸妈忙于工作，没时间管他，他和别的小朋友玩的机会也少，玩玩具时一会儿玩这个，一会儿玩那个，总没有耐心，遇有困惑总想和大人交流，常常缠着一个人不放。

针对子晨的问题，妈妈采取了三个措施。

一是和教师、丈夫以及爷爷、奶奶进行交流，向大家讲明：由于子晨生理、心理特点，现在存在的问题，不可能和成人一样能用比较适宜的方法。子晨也想和别人友好，但是，他的行为给人的感觉就像是侵犯别人，不太会用语言表达自己的愿望，更多的时候只能依赖于动作，造成大家理解上的偏差。

二是针对子晨在活动中缺乏自制力的问题，做了个小小的约定："回答老师的问题要举手，老师不是每个问题都请你回答，如果没有请你回答，可以抢着回答，就算违反课堂纪律，不能得到教师的贴画，妈妈也不怪你。"子晨听了，非常高兴，他觉得自己受到了极大的重视，因此，开始遵守规则，妈妈也履行了自己的承诺。

有了第一次的成功，他的信心很足，改掉了不少上课不守纪律的坏毛病，自制力也有了明显提高。

三是和比他强的小朋友交往，用小朋友的行为影响他。

对于子晨比较突出的打人问题，想让他一下子改过来还真不容易。每当小朋友不小心碰到了他，他还是不依不饶地还手，因此大家都不愿和他交朋友，不愿和他一起玩。

妈妈便和几个在这方面能力比他强、表达比较好的小朋友商量，让他们和他一起玩，帮助子晨，还制定了一个针对纠正子晨缺点的游戏规则：如在活动中被别人碰倒了，也绝不能去打别人！如果违反三次，就不欢迎他做游戏伙伴了。

有了教师、丈夫以及爷爷、奶奶和小伙伴的帮助，子晨的坏习惯，在不知不觉中改变了。

【分析】

子晨妈妈列举出自己发现的事例，大家接受了她的观点。要求大家：尽可能多抽出时间陪孩子一起画画、看书，不要边做家务，边和子晨交流，让子晨觉得不重视他，画画时不要一次给他很多的纸，鼓励他把一幅画画完整，并耐心地涂色，培养了孩子的耐心。

认知：

理解：

做件什么事	怎么做的	做中的感悟

准备：

学会做：

自控力不足的表现

1. 孩子自控力不足的表现

自控力差的孩子大多不服管教，情绪波动大，注意力不集中，容易受到欲望的支配，缺乏时间概念。其主要表现为：情绪失控、欲望失控、时间失控。

（1）情绪失控

情绪是影响自控力强弱的主要因素，自控力缺失的孩子大都存在情绪失控的问题，这一类孩子不能很好地控制自己的喜怒哀乐，遇到不满意的事情就会大吵大闹，遇到自己无法解决的问题就会显得很沮丧。这些孩子遇事比较急躁，容易冲动，不会冷静下来想问题，一旦父母不能满足他（她）们的要求或者与其他小伙伴发生了争执，就会发脾气，顶撞父母，或者伤害其他朋友。

很多父母抱怨自己的孩子动不动就生气，要么对父母大喊大叫，要么在家里摔东西。这些孩子往往比较自我，总是以自我为中心，无论什么时候都希望别人围着自己转，希望别人能够无条件地满足自己的要求，一旦要求得不到满足，就会通过强烈的情绪反应来表达自己的不满，并向他人施加压力。

（2）欲望失控

孩子常常会受到各种欲望的诱惑，好吃的东西、好玩的东西都可能让他（她）们失去自控力。

一般来说，欲望失控的孩子缺乏做事的原则，也不会遵守做事的规定，或者说定下的规矩很容易受到外在因素的影响。

当他（她）们意识到自己可以享受到更加美好的事情时，就会果断放弃自己正在坚持的事情。比如，写作业时容易被好看的电视节目吸引，忘了做作业；准备午睡时发现小伙伴们正在玩游戏，可能就会打破一直坚持的作息习惯；见到好东西时，忍不住就伸手去拿，完全忘了父母关于“不能在未经同意的情况下触碰他人东西”的警告。

有的小孩去别人家玩耍时，总喜欢趴在桌子上抓几把糖果，随意拿自己喜欢的东西等。

一些父母总认为孩子大都这样，拿点吃的、自己喜欢的东西不是什么严重的事。如果父母一味纵容孩子的这种行为，孩子就会一步步被自己的欲望支配，自控力越来越差，会逐步丧失道德，对孩子日后的发展会产生很大的影响。

（3）时间失控

一些自控力弱的孩子会存在时间失控现象，这些孩子没有建立起完整且正确的时间观念，或者说根本没有时间观念，他(她)们不能对自己的学习做出合理的规划，不知道什么时候应该做什么事。由于对时间不重视，这些孩子往往患有“拖延症”，做事永远都是“等一会儿再去做”“明天再去做”等。

他（她）们对父母的要求和自己的学习总是不放在心上，习惯地将事情往后推。他（她）们的学习时间远远少于玩乐时间，如做作业之前先要看会儿电视，或者玩会儿手机，习惯将事情推到最后的时间段去做。

我们对一千多名时间观念淡薄的孩子调查发现：他（她）们在没人督促的情况下，基本上不学习；做完家庭作业后，基本上不看任何书籍；当父母要求看书时，他（她）们总是推托说想要睡觉，或者不舒服；平时对电视和网络着迷，有时候会一整天躺在沙发上看电视或者玩游戏；看书或者写字时，需要花费很长时间才能提起精神。

因此，他（她）们的考试成绩大多都不如意，并且每次都暗示自己“下一次我一定会考得更好一些”。

规则缺失、自控力不足的孩子不愿意遵守规则，他（她）们不会接受父母的约束，不愿意遵守制度和规定，尤其是他（她）们会常常抗拒父母分配的家庭任务，把父母的要求当成耳旁风。

自控力不足的孩子平时没有什么朋友，和小伙伴之间的关系也比较糟糕，因为他（她）们没有规则意识，总想自己成为游戏的主角；在学校，他（她）们调皮好动，在课堂上随意说话，甚至在课堂上偷吃零食、来回走动，喜欢捉弄同学，故意破坏课堂纪律，这些现象都是典型的自控力缺失现象。

另外，自控力不足的孩子在其他方面的表现也很糟糕。他（她）们的毅力薄弱，遇到一些难以解决的问题，要么直接跳过去，要么表现得焦躁不安；遇到一些不太懂的问题，常常选择忽视；在学习上会出现比较严重的偏科现象，并且对成绩差的科目失去兴趣；他（她）们会制定各种各样的生活目标和学习目标，但基本上都是“空头支票”，最后常常因为忘记而没有达成。如果孩子出现以上这些问题，父母就要坚持地予以重视并及时给予纠正。

【案例1】

美国有一位心理学家做了这样一个实验：对象是1岁半的宝宝。

1岁半的宝宝一般还不会流畅说话，无法和父母沟通，但在测试这个游戏的时候，首先让他的妈妈用积极的语言、行为呈现在宝宝面前，宝宝会根据妈妈的表情发出欢笑的声音、产生喜悦的表情，甚至会有肢体语言。

三分钟后，又做了另外的测试：妈妈不做任何表情，宝宝做任何动作，妈妈都不予回应。

宝宝坚持了三分钟不到的时间，就开始崩溃，四肢开始扭动。这时妈妈开始调整表情和行为，宝宝又被安抚了下来。

从这个实验可以看出，在0—2岁之间，孩子的自控力是通过父母的表情、言行以及及时的反馈来建立的。

3岁之后，要注意开发孩子的自控力。这时候孩子学会了一些语言、肢体、行为，对新鲜事物充满了好奇。

从抱着到站着行走，孩子的探索精神也在这个时候开始出现了。同时，父母对孩子的要求也要逐步提高。

对3岁之后、6岁之前的宝宝，父母要提出要求，如不要随意地哭闹，不要把玩具弄得太乱，以及能够更好地配合父母发出的指令等。

进入到6岁后，孩子就已经可以逐渐学会管理自己了。

【分析】

测试中，我们不难发现：宝宝做任何动作，需要的是大人的回应，有回应进步就快，可见，父母的引导作用，在孩子的成长过程中，是至关重要的。

【案例2】

一天深夜，16岁的少年张明在回家时发现父亲又在毒打小妹。在张明的家里，父亲打孩子是常事。父亲经常因一点小事，动不动就对孩子拳脚相加，时常打得他们伤痕累累。

父亲一次又一次的毒打，在张明心里种下了仇恨的种子。这一次，父亲对妹妹的毒打，激起了张明反抗的火焰，他一气之下，将42岁的父亲一刀捅死。

长期以来，人们受传统观念的影响，不少父母认为孩子是自己的“私有财产”，忽视孩子的思想，在教育孩子时过于专制和粗暴，动不动就打骂孩子，打孩子不仅仅是在肉体上对孩子的伤害，更严重的是对孩子造成心理阴影。

孩子一面承受父母的暴力，一面模仿父母的暴力，从而产生暴力倾向。这就是孩子在外打架闹事的主要原因。

【分析】

父母在教育孩子时必须注意方法，不可轻易使用暴力，如果不慎用了粗暴的方法，要及时修复亲情链条，抚平孩子的心灵创伤。

认知：

理解：

做件什么事	怎么做的	做中的感悟

准备：

学会做：

自控力不足的原因

一些父母常常焦急地问："我的孩子自控力不足，做事总是缺乏毅力，该怎么办？""我常常给孩子提出一些合理的要求，可是孩子根本就做不到！""我的孩子身上有一些不良习惯，可是无论怎样都改不掉，家里人都很着急，担心孩子以后会走上歪路。"……

父母都希望获得一些改良孩子自控力不足的药方，有效治疗孩子的"自控力缺失症"。

想要提升孩子的自控力，首先应该弄清楚孩子的自控力缺失属于哪一种类型，这样才能够更好地对症下药。

心理学家将自控力缺失的孩子分为四种类型。

1. 道德许可

在日常生活中，孩子常常会产生这样的想法：“我这次考试第二名，现在我可以看电视了。”“我的作文得了全班第一，所以我下周可以不写日记了。”等。

当孩子在自控目标上前进了一小步时，往往会出现自满的情绪，并且产生一种自我许可，认为可以犒劳、放纵一下自己。

孩子一旦开始放纵，就会不断违背自己的初衷，远离自己最初的目标，自控力就会不断下降。这就是“道德许可”这个原因起的作用。

道德许可的失控是一个甜蜜的陷阱，会一步步引诱孩子远离生活的目标，使孩子一步步放弃对自己的约束，导致被欲望所支配。

面对这种失控现象，父母应当重点引导孩子牢记初衷，明确自己最初的生活目标，坚持达到目标不动摇。此时，父母需要给孩子灌输这样的想法：“你之所以坚持做某事，是为了养成良好的习惯，并通过这个习惯来实现自己的目标。”并引导孩子认识到：养成良好的生活习惯，才是最重要的，那些阶段性目标的实现虽然值得鼓励，但并不能成为放纵自己的理由。

2. 注意力分散

孩子身上最大的问题就是注意力容易分散，对某件事的专注度不高，很容易受到外在因素的干扰，这就不难理解为什么他们总是那么好动，做事时会同时关注各种不同的事件，或者是说在两个不同的事件之间来回游荡了。

由于孩子自控力差，当他们试图专注于其中一件事时，另外一件事就会出来捣乱，以至于他们常常吃饭跑神，注意力转移而分散精力，或者是写作业时不专注，总是不断地瞄着眼睛往周边更有诱惑的地方（如电视机的方向）看。

注意力分散是自控力不足的基本表现，孩子脆弱的自控力很容易被其他事情和其他欲望瓦解。

父母强化孩子注意力的训练，要想方设法提升孩子的专注度。这种专注度的培养主要是教会孩子无视外在干扰，提升对某件事的定力，让他们在充满欲望和诱惑的环境中保持对原定目标的专注。

3. 懒惰拖延

许多孩子都有拖延症，他们常常会将父母交代的事情往后推。比如，放学后不做作业、玩手机、看电视，或者和小伙伴一起出去玩耍，晚上睡觉时暗示自己明天早上起来再完成等。又如，即将考试，父母催促孩子赶紧复习功课，将重要的知识点圈起来牢记，孩子却推三阻四，直到考试来临时才手忙脚乱。这些拖延现象在很多孩子身上都存在。这种拖延就是一种自控力严重缺失的表现。

通常情况下，孩子对于拖延的事情会产生这样一些想法："反正事情是一定会去做的，今天做和明天做也没什么区别。""今天我有点累了，明天做也是一样的。""这件事很难，我明天会想到更简单的方法的。"等。

当孩子在心里种下懒惰和拖延的种子时，他们就失去了对生活的掌控力，不断选择逃避，如逃避做作业、逃避父母制定的规定和要求、逃避一切自己不喜欢的行为、逃避一切可能让自己感到不舒服的事情等，通过一个又一个明天来缓解压力。这个时候，他们对于自己的约束力会迅速下降，直到放纵自己什么也不做。

抑制孩子拖延时，做父母的要求孩子今日事今日毕，任何拖延到明天的行为都要明令禁止。

4. 光环效应

美国健康心理学家凯利·麦格尼格尔在《自控力》中说过，当某个人自我放纵的时候，如果放纵的东西或者事项和一些自己觉得品德高尚的东西一起出现，就会产生一系列的光环效应。按照这个说法，一个人平时会控制自己不吃巧克力，以免长胖，但是如果以做慈善的名义购买巧克力，他就会吃更多的巧克力来奖励自己，这个时候慈善的光环就会让他失控。

对孩子来说也是一样，他们会将做家务与看电视这样的奖励联系起来，当他们觉得自己帮助妈妈做了很多家务活时，就可以不受约束地看电视，这个时候帮忙做家务这样的光环会使他们肆无忌惮地放纵自己。

父母应该帮助孩子正确地了解事物的本质，让他们在面对诱惑时好好想一想最初的自控动机是什么，是为了赢得更多的学习时间，为了在一个更好的环境中放松身心，而不是为了应对父母。只有这样，孩子才能意识到父母的良苦用心，从而加强对自己的约束。

以上四种自控力缺失类型其实在很多孩子身上都不同程度地存在，而且是最常见的。

按照心理学的说法，人类的大脑会受到经验的支配，假如我们每天都让孩子学习数学，那么孩子的数学成绩就会得到很大提升，还会开发出左脑强大的数学计算能力、分析能力及思维逻辑能力；同样，如果孩子每天都处于自我放纵的状态，大脑也会不断削弱自控力，并且寻求简单、快乐、放纵的生活模式，反过来说：如果让孩子的大脑经常保持专注，接受专注度的培养和练习，那么，孩子就会变得越来越专注，而专注度的提升就会直接带动自控力的提升。

另外，父母的行为也是导致孩子自控力不足的原因，具体有以下几点。

（1）父母爱发脾气

父母爱吵架爱发脾气，会导致孩子自控力变得非常差。有些父母动不动就对孩子发脾气，情绪控制能力特别差，那么孩子的自控能力也会非常差，尤其是情绪这一块，我们看到，有些父母心态并不是很好，在教育孩子时，特别是当孩子调皮不听话的时候，气就不打一处来，常用发脾气发泄情绪的方式去教育孩子，这样一来，孩子在父母身上所学习到的只能是用发脾气的方式来解决问题，所以这类父母教育出来的孩子就会自控力非常差。

（2）父母之间常常吵架

如果父母经常吵架，家庭不和睦，家庭氛围非常不和谐，就会影响孩子的自控力。如果父母经常在家里吵架，家庭非常不和谐，孩子的内心就会常常恐惧焦虑，时间长了不仅性格变得内向，而且也会非常自卑。

因为常吵架的家庭，孩子感受不到家庭的温暖，对于孩子的心理以及孩子的人格都会产生极大的影响，孩子的自控能力肯定会受到影响。

（3）父母不管孩子

有些父母以各种借口不管孩子，没有尽父亲和母亲责任，总是说因为工作忙，完全顾不上孩子，让孩子的自控力变得非常差。

孩子的各项能力培养离不开父母的影响，完全放养孩子，孩子想怎样就怎样，怎么可能提高自控力呢？

（4）父母溺爱孩子

溺爱孩子也会让孩子的自控力变得非常差，因为父母溺爱孩子，家庭以孩子为中心，孩子要什么有什么，想吃什么就给什么，一切都听孩子的。这样一来，父母只要不满足孩子，孩子就会发脾气，成了家里的小霸王，如孩子只要一闹，全家人都得哄着他，孩子的情绪、性格，包括自控能力，很难提高。

溺爱孩子是很多父母容易犯的一个错误，也是导致孩子出现成长困惑的重要原因之一。

溺爱下的孩子，通常比较自私，常以自我为中心，不懂得体贴顾惜别人，心理承受能力和自理能力都比较差，具有极强的依赖思想。特别是孩子一旦把父母的付出当成理所当然时，他就会心安理得地享受父母的付出。如果某天这种付出停止，或是孩子无休止地索取遭到拒绝，他就会仇恨父母，甚至打击报复父母。解决这一问题的关键，就是父母要把握好爱的尺度和原则，不要溺爱。要多让孩子参加社会实践，适当地进行挫折教育，来提高孩子的独立能力。

（5）父母口径不一致

孩子的自控能力差，跟父母给予孩子的教育口径不统一，有一定的关系。如果父母在教育孩子事情上产生了分歧，两人的教育口径不统一，会导致孩子自控能力非常差，父母教育孩子一定要口径统一，两个人一定要商量好，不管任何一方在管教孩子的时候，方法对不对，另外一个人都不能当着孩子的面质疑。

【案例1】

秦明从小就被家人溺爱。

上学后，他开始在电脑上玩“赌博”游戏，钱不够花的时候，经常到处借钱。

2008年，秦明已欠了5000元的外债。为了还债，他于2009年4月28日在家里的一只木箱里找到2000元，拿了500元，没几天就花完。

2009年5月6日下午，他再次偷走剩下的1500元，后来，不仅偷家里的，还偷邻居的。

2019年10月5日，秦明因盗窃罪锒铛入狱，被判处有期徒刑8年。

【分析】

秦明的犯罪，从“溺爱”开始，到“玩赌博游戏”、到处借钱、欠外债，一直到盗窃等，这一切父母没发现是不可能的，关键是在“溺爱”的驱使下，父母放松了管教，才使孩子一步步走向了犯罪的道路。

【案例2】

杨晓的父亲经常打牌赌博，喝酒抽烟，平时一输钱就喝酒，回家就发脾气，摔东西，与母亲吵架，还时常打骂母亲。

在父亲负面的影响下，杨晓也学会了抽烟、喝酒，甚至染上了打牌赌博的恶习，成绩一落千丈，经常逃学。

父亲教育他时，他却说：“你自己都管不好，还来管我？要我改可以，那你自己先戒烟、戒酒、戒赌博，做个榜样给我看看啊。”

【分析】

不少父母在要求孩子的同时，缺乏对自己的严格要求，甚至禁止孩子做的，却是他们自己所喜好的；禁止孩子吸烟，自己却当着孩子的面吸烟；禁止孩子赌博，自己却当着孩子的面赌博……

父母是孩子的第一任老师，父母的言行举止时刻影响着孩子，孩子也在时刻模仿父母。

父母管教孩子，首先要严格要求自己，尽量避免在孩子面前做出不良的言行举止，为孩子的健康成长树立榜样。

认知：

理解：

做件什么事	怎么做的	做中的感悟

准备：

学会做：

自控力要从“小”培养

自控力培养有两层重要的含义：一则是从孩子“幼小”抓起；二则是从“小事”抓起。

我们重点谈一下从“幼小”抓起。

孩子幼小的行为一旦形成习惯，是很难改变的。

对于1岁以内的宝宝，父母的语言（包括肢体语言）所传递的信号一开始并不会被他们所理解，如点头或者摇头之类的动作究竟代表了什么含义，宝宝们并不清楚。

父母反复表达，就会帮助孩子更好地理解。比如，几个月大的宝宝，喜欢抓住大人的衣服，然后塞到嘴里咬，这个时候正确的做法是将孩子与衣服隔离开来，并且一直摇头。此时，孩子虽然不能理解大人，依然会趁大人抱着他（她）的时候将衣服塞进嘴里去，如果每一次大人都做出分离的动作并且冲他（她）摇头，他（她）就会有所反应。

时间长了，只要大人一摇头他（她）就会放开衣服。

很显然，通过这种沟通方式，宝宝慢慢理解了大人给他（她）制定的规则，或者说他（她）会建立起“不能将衣服塞进嘴里”的规则。

其实这是一种很好的培养方式，对于孩子的一些不良生活行为，父母可以用这种沟通的方式进行反复训练，通过一些口头语言、表情及肢体动作反复对孩子进行暗示，可以帮助他们了解这些语言的含义。

孩子一般在2岁左右的时候，自控力开始萌芽，在这个阶段，他（她）们会表现出一定的自我克制能力。比如，很多年轻妈妈会给宝宝制作美食，妈妈会告诉宝宝：“现在爷爷、奶奶还没过来，必须等爷爷、奶奶到家才能开动。”面对美食的诱惑，一般孩子可以坚持4分钟不去触碰美食。

对于成年人来说，这4分钟也许并不能说明什么，但对2岁的孩子来说，这无疑是一个巨大的挑战。

父母需要在这个时间段给予孩子更多的照料，帮助孩子了解生活的规则，并强化这些规则。其中“忍耐与放弃”是提升孩子自控力的最重要的两项措施，也是提升孩子自控力的主要方法。父母从小培养孩子的自控力要注意以下两点。

1. 学会放弃

“学会放弃”是要告诉孩子有些东西不是自己想要就能要的，不适合自己或者不应该获取的东西，就要主动放弃或者让给别人。

这种教育方式的目的是提升孩子选择意识和选择的能力，可以帮助孩子更好地甄别自己需要什么、适合什么，同时，还可以适当控制自己的需求及欲望。

2. 学会忍耐

父母应该教育孩子注意调节自己的情绪，抑制内心冲动。这种抑制能力需要父母通过不断地对孩子训练才能得到提升和加强。当孩子遇到不顺心的事情时，才不会出现情绪失控的局面。

在整个训练过程中，父母需要用自己的爱进行引导和约束，在孩子任性和以自我为中心时，父母要保持坚定的态度，明确地对孩子的不合理要求说“不”。

瑞士教育家裴斯·泰洛奇在《葛笃德怎样教育自己的孩子》一书中这样写道：“要让孩子明白大自然是不会因为他们的暴力而改变。比如，孩子敲一块木头或石头，但是木头或石头一点都不为所动。于是，孩子不再去敲。如果母亲坚决不答应孩子任性的要求，即使孩子大叫大嚷、气急败坏也丝毫不为所动，孩子就会停止叫嚷，慢慢地学会让自己的意志服从妈妈的意志。忍耐的萌芽、服从的萌芽就这样养成了。”

这里需要注意的是：孩子在3岁以前父母是他们的监护人，是因为他们对父母的信任程度很高，愿意让父母来帮助自己适应生活，因此父母应该尽到自己抚养和教育的责任，与孩子建立起更牢固的情感纽带，用自己的行为更好地影响和帮助孩子。

父母是孩子行为模仿的对象。因此，父母必须注意自己的言行举止，给孩子树立良好的榜样。如平时不要随意发脾气，不要随意与人发生争吵，做事要有条理，以免给孩子造成不良的影响。

3岁以后，是培养孩子的情感和良好行为的关键。

我们通过对人生各个阶段进行分析发现：3岁是孩子成长的分水岭，3岁之前的孩子已经有了一些自主意识，这个时候父母或其他长者应当着手培养孩子的自控力，帮助孩子建立早期的生活规划，为孩子的成长奠定良好的基础，确保孩子在之后的成长道路上变得更加坚强。

孩子一旦适应社会生活，需要掌握一定的社会技能，依赖更多的情感来维系社会关系，更为得体地展示自己在社会中的存在价值。

3岁以后的孩子，无论从生理上还是心理上，都具备了逐步适应社会环境的能力，而且会出现一些特征。

我们只要细心，就不难发现：孩子在2岁半到3岁这个阶段，突然变得安静，情绪也更加稳定，不再那么吵闹，脸上的笑容也多起来，更愿意听从父母的话，对于大人的行为，也适当做出一些妥协，不再像过去那样为所欲为了。

3岁之前的孩子严格遵守“你”和“我”的界限，几乎任何触碰到的东西都会被当成“我”的。

3岁时的孩子开始有意识地在“你”和“我”之间打造沟通的桥梁，“我们”的概念开始产生。这个时候孩子开始探索外部世界了，常常从“我们”的角度开始，如：“我们一起吃掉这些蛋糕好吗？”“我们一起玩积木吧！”等，这种与群体分享的想法开始萌生，开始尝到合作带来的快乐，这就是最初的合作意识与合作关系的建立。

3岁之后的孩子开始关注别人的情绪、感受和想法并且能够理解。开始改变“以自我为中心”的状态，尝试换位思考。只要父母告诉孩子别人的感受和想法，孩子就会有意识地控制和调整自己的行为。

随着孩子自主意识的增强和群体观念的不断强化，妈妈在他们生活中的存在感也越来越强，此时，不仅父母的管束和家庭的规则会起作用，“幼儿园的教师”开始出现并且扮演着重要的管理角色。

在幼儿园里，孩子在和其他小朋友一同构建着自己的朋友圈，一些具有领导力的孩子会脱颖而出，并且影响其他人的行为。

这个阶段，我们需要提醒父母特别注意的是：从3岁开始，孩子的各项能力全面提升，他们懂得如何将身体发育和能力提升有机结合起来，不仅情绪控制能力、分享能力、服从能力、肢体控制能力、生活自理能力（独立睡觉、穿衣服、脱衣服、自己洗澡、自己大小便、自己吃饭、自己收拾玩具）等都在提升，语言表达能力也会有一个很大的进步，词汇量不断增加，表达的逻辑性更加清晰，语言表述更加流畅，表达的欲望也更为强烈。

这个时候孩子开始变成熟的内在原因是他们的大脑的自我抑制系统初步构建成形。此时，自控力的“硬件系统”已经构建完成，父母需要专注于构建孩子自控力的“应用软件”，即自我控制和自我管理能力。

自我控制是对行为和情绪的控制，是促使儿童健康成长的关键因素。

心理学家认为：自我控制能力是儿童的一项重要能力，缺乏自控力不仅会导致儿童早期的许多问题，如攻击行为、注意力缺陷等，另外，还会诱发暴力、酗酒、青少年怀孕等社会问题的发生。

【案例1】

小雨从小与父母亲情冷漠，常常拒绝与父母沟通，并经常离家出走。

原因是什么呢？经与父母交流才发现：小雨的父母经常剥夺她发言的权利，有什么事都不允许她申辩，一切都只能由父母数落和指责。面对小雨的不足与错误，父母非打即骂，不注意引导。

开始，小雨有些事还和父母谈谈。得到父母多次的打击后，小雨慢慢地不愿意与父母交流了，也不再主动找父母说话，有时父母找她谈心，她置之不理。时常你说你的，我做我的，只要一回家就躲进自己的房间里，谁也不理，只做自己的事。

久而久之，小雨与父母的亲情出现裂痕，对家人越来越冷漠。

【分析】

父母不注意与孩子的沟通方式，说话不管孩子能不能接受，总按自己的方式去沟通，常让孩子反感，甚至拒绝与父母交流，父母对孩子的教育就无法进行。

父母要想教育好孩子，必须懂得沟通的方法和技巧，只有这样才能建立起良好的亲子关系。

【案例2】

王晓学习经常欠交作业，上课发呆，学习动力不足。

父母几乎每天早出晚归，王晓回家就玩电脑游戏，晚上7点一直玩到10点。

近来王晓的父亲将电脑转移到有锁的房间，控制其上网时间，因为王晓已经上网成瘾。

父亲说：王晓小学3年级时成绩还是很不错的，过后就一直不好。

王晓为什么会出现这种情况呢？经了解发现，父母从小没有抓好孩子基础教育，王晓上初中时，因基础差而赶不上进度，越学越没兴趣，并且形成了恶性循环，各种诱惑也逐步增多，注意力向网络游戏转移，而且一直沉迷，对父母的管教已经产生免疫。

针对这种情况，王晓的父母采取了两项措施：一是逐渐控制减少王晓上网时间；二是采用多种方式补回王晓落后的功课，没想到王晓由此建立学习信心，并逐步获得成就感，学习成绩飞跃地赶了上来。

【分析】

王晓之所以学习成绩下滑，原因很简单，王晓的父母从小没有抓好孩子基础教育，也就是说：父母的放任。王晓进步的原因是什么？父母的及时管教、定规矩、采取适当的措施。所以，我们的父母教育孩子，要从小事抓起，不要等到孩子习以为常了，再去管教。

认知：

理解：

做件什么事	怎么做的	做中的感悟

准备:

学会做:

自我管理能力培养

自我管理能力主要包括：情绪管理、时间管理和自我控制，自我管理通常侧重于对自身行为的管理，如自己的事情自己做，自己的事情自己选择，自己的事情自己承担后果等。

自我管理从自主意识的萌芽开始，注重孩子独立能力的培养。

家庭中一些生活琐碎的事，父母可以鼓励孩子自己去做，比如：刷锅、洗碗、打扫房间卫生、整理自己的衣物等；一些需要孩子参与决策的问题，父母要鼓励孩子提出自己的想法，做出自己的决定；在情绪表现和情感表达上，父母要引导孩子表达自己的情感与释放自己的情绪，并且学会换位思考。

无论是自我控制还是自我管理，本质上都是对孩子的情感表达和行为的一种约束，都是为了使孩子能够更好地适应社会，对于孩子以后融入社会生活均有很大的帮助。

培养孩子自我管理能力也是要有“规律”的。由于孩子长时间遵循规律就会形成习惯，比如：宝宝到时间就饿，到时间就困，这就是规矩起的作用，以此培养孩子形成自律性。

有些妈妈常常疑惑：为什么孩子到点不睡觉？为什么孩子吃饭的时候总想玩？这是不是平时孩子生活没规律造成的呢？孩子本身没有自控力，需要父母的帮助，如果父母及早地给孩子定规矩，并长期坚持下去，以上问题不是就迎刃而解了吗？

根据孩子的情况，制定一份作息时间表，可以帮助孩子增强自我管理能力，养成好的习惯。（根据拟定的时间表，调整孩子的生物钟，执行这个时间表时，需要父母有耐心，不能操之过急，一周后就能有成效。）

早晨8点前：起床。

中午12点—下午3点：午睡。

晚上10点前：入睡（晚上10点后是孩子生长激素分泌的高峰，如果晚于10点睡觉就会影响孩子身体的生长）。

带孩子外出游玩要提前计划。

另外，外出游玩要有准备，不要因玩性大发而忽视了孩子的作息表。

父母要牺牲一些时间，坚持下去你就会发现：给予孩子的远远比自己失去的更有意义。

如果孩子的精力充沛能跟上父母的节奏，恰恰说明孩子已经养成了这种生活规律。

晚上睡觉前一小时，逐渐让孩子兴奋的神经松弛下来，还有，父母可以帮助孩子营造一种宁静的氛围，如：打开小台灯、洗一个热水澡、讲讲小故事等。

【案例1】

记得那是一个晴朗的早晨，王老师早早来到学校，亲自督促值日生把卫生工作做好。

王老师心想：如果学生只有在教师的监督下才能养成良好的习惯，那就等于没有养成习惯。真正有效的教育应该是将好的行为浸润学生心田，内化为学生自觉的行为。

王老师总结道：学生不能形成良好的行为习惯的原因主要有以下几个方面。

第一，管理理念的不当。班级管理工作的对象是活生生的学生，在实际工作中班主任要管的事情太多。如常常满腔热情，事必躬亲，这种管理容易造成学生依赖心理，其创造性、独立性差，缺乏管理能力，往往使教师陷于杂务而疲惫不堪。

第二，独生子女的通病。如今的孩子绝大多数是独生子女，他们有较好的生活、学习条件，集家人宠爱于一身，在家的地位独一无二，主要通病是自私、任性、依赖性强、劳动观念弱、缺乏锻炼、缺乏团队精神、缺乏集体荣誉感等。

第三，没有形成集体荣誉感。学生在面对老师的批评时往往都选择逃避或推卸责任。班级内还没有形成良好的集体荣誉感，学生尚未将班级的荣誉看成是自己的荣誉，缺少共同奋斗的目标。

【分析】

如何让孩子从被动接受走向自律、自制、自我管理，是解决问题的关键。

针对这些情况王老师对症下药，创新工作思路，在班级中全面推进“我是班级小主人”活动。从细微之处抓起，全面培养孩子自我管理能力（图2）。

认知：

理解：

做件什么事	怎么做的	做中的感悟

准备：

学会做：

本章复盘

◎ 小问题

回答下面的问题，帮助你理解对孩子的兴趣培养在家庭教育中的必要性。

1.培养孩子自控力的目的是什么？

2.培养孩子自控力，父母要做到什么？

3.对孩子自控力培养的步骤是什么？

4.对孩子的自控力培养有哪些要注意的环节？

5.对孩子的自控力培养有什么效果和表现？

6.对孩子的自控力培养和掌握知识应该如何区别？

7.对孩子的自我管理能力培养的方式不同，效果有什么不一样？

8.对孩子的自我管理能力培养的问题主要有哪些？

如何做更好的父母

◎收起你的架子，摆出你的姿态，培养孩子的自控力，不要打击孩子的积极性！

◎就算周边的人（含家庭成员）都否定孩子，你也要相信孩子，不要管别人的看法。

◎孩子是通过自控力培养成长起来的，要相信，世上本没有做不到的事，只有不做，才适得其反。

◎不管孩子如何，都可能不被欣赏，总有人认为他不够好，不管别人怎么看，你都不能不注意培养孩子的良好习惯！

“管理好自己”思考题

【反向思维】

◎对孩子的自控力培养没有用，孩子就是不愿意学习！

◎对孩子的自控力培养到位了，孩子还是不好好学！

◎我对孩子的自控力培养，道不同不相为谋！

◎对孩子的自控力培养不到位，反而被别人瞧不起！

【正向思维】

◎对孩子的自控力培养之后，家庭和睦了！

◎对孩子的自控力培养之后，孩子的能力提高了！

◎对孩子的自控力培养之后，父母与孩子相处更融洽了！

◎对孩子的自控力培养之后，父母与孩子的误会没有了！

与心对话

每日一问：

家庭生活中总有一些磕磕绊绊的冲突点，很多事情都需要对孩子的自控力培养，你面对这些问题是怎么解决的？你身边的家庭又是怎么处理的？

请将在家里看到的记录下来：

陶行知说：要解放儿童的头脑：使其从道德、成见、幻想中解放出来；解放儿童的双手：使其从“这也不许动，那也不许动”的束缚中解放出来；解放儿童的嘴巴：使其有提问的自由，从“不许多说话”中解放出来；解放儿童的空间：使其接触大自然、大社会，从鸟笼似的学校解放出来；解放儿童的时间：不过紧安排，从过分的考试制度下解放出来。

“兴趣”是促使孩子成长的金钥匙

- 何谓“兴趣”
- 让“兴趣”唤醒聪慧的大脑
- 让“兴趣”刺激孩子大脑早开窍
- 让“自信”调整孩子的上进心
- 要鼓励孩子主动学习
- 要及时认可孩子的进步
- 不要忽略孩子的“情商”培养
- 要不断鼓励孩子有主见
- 要孩子自立就要先自主
- 培养孩子平和、宽容、豁达的性格

何谓“兴趣”

兴趣是人们以特定的事物、活动为对象所产生的积极的和带有倾向性、选择性的态度和情绪。

兴趣是一种无形的动力，当我们对某件事情或某项活动感兴趣时，就会很投入，而且印象深刻。

每个人都会对感兴趣的事物给予优先注意和积极地探索，并表现出心驰神往。例如，对美术感兴趣的人，对各种油画、美展、摄影都会认真观赏、评点，对好的作品进行收藏、模仿；对钱币感兴趣的人，会想尽办法对古今中外的各种钱币进行收集、珍藏、研究。

兴趣不只是对事物表面的关心，任何一种兴趣都是由于获得这方面的知识或参与这种活动在情绪上的满足而产生的。例如，一个人对跳舞感兴趣，他就会主动地、积极寻找机会去参加，而且在跳舞时感到愉悦、放松和快乐，表现出一种强烈的积极性而自觉自愿。

兴趣不只是和个人的认识和情感密切联系着的。如果一个人对某项事物没有认识，也就不会产生情感，也就不会对它产生兴趣。相反，对此事物的认识越深刻，情感越丰富，兴趣也就越浓厚。例如，集邮，有的人集邮入迷，认为集邮既有收藏价值，又有观赏价值；既能丰富知识，又能陶冶情操，而且收藏得越多越丰富，情感就越专注，越有兴趣，于是就会成为一种特别的爱好。

兴趣是爱好的前提，爱好不仅是对事物优先注意和向往的心情，而且表现出某种实际行动。例如，对绘画感兴趣，而且由喜欢观赏发展到自己动手学，那么，绘画就是他（她）的爱好。

【案例1】

小张在教育子女的时候，首先培养孩子对知识和学习的兴趣。

小张的孩子陈都在上小学一、二年级的时候，对学习的兴趣不高，小张认识到问题的严重性，觉得应该激发他学习的兴趣，就给他讲没有知识的危害性，并带他到新华书店。看着琳琅满目的书籍，陈都眼睛闪着光，稚气地说：“这里有这么多的书呵！我要把这些书都搬回家。”小张说：“光搬回去有什么用，要增长知识，必须看书，认真学习，只要你能认真去看书，我就不断地给你买，你说行不？”小张从新华书店买来了一些课外读物，如《山海经》《百家姓》《小学生作文选》《数学习题集》等一些书，一回到家，陈都就埋头苦读，慢慢地对书的兴趣产生了。没几天，陈都就把小张买的几本书看完了。

小张又从校图书室，从朋友那里不断地借书给陈都看，后来，他什么书都看，天文、数学、历史、生物，可以说包罗万象，本本看得都有劲。

当然，遇到不懂的问题时，小张并没有给孩子一个准确完整的答案，而是和孩子一起探讨，一起研究，一同去查工具书。

事实证明：用这种方法能提高孩子的学习兴趣，使孩子为自己通过看书弄懂了问题而兴奋好几天。

【分析】

兴趣是最好的老师。人由于先天遗传和生活、环境、教育的影响，总是千差万别的。妈妈用让孩子到书店看书的方法，培养孩子的兴趣，最终取得了较好的效果。这个案例提示我们：要让孩子做到的，一定要让他去“做”，只有“做”了，才能产生“效果”。

【案例2】

一个孩子很认真地在玩手里的小汽车，嘴巴还发出唔唔的声音。

这个孩子把百分之百的精力都放在他的小汽车上。此时，妈妈在背后说“我们孩子要如何、如何、如何”，孩子突然抬起头问：“妈妈，你刚刚不是说要怎么样、怎么样吗？是不是这样子的？”孩子依然专心玩的是小汽车，回答的也是“小汽车”的内容，试想：此时，父母的教诲，他怎么可能听得进去呢？

孩子认真玩他的小汽车，同时感应到的是小汽车怎么样，发生其他任何事情，孩子都是漠不关心的。

这个时候，父母要把握时机，和孩子一起研究孩子感兴趣的东西，以此来保护孩子的兴趣，启发孩子获得更多的知识。

【分析】

父母教育孩子要善于把握时机，善于发挥孩子的能力，让孩子自己管理自己，比如：这个孩子对小汽车如此热衷，父母可引导孩子对其他事情也像这种小汽车一样，问题不就解决了吗?

认知：

理解：

做件什么事	怎么做的	做中的感悟

准备：

学会做：

让“兴趣”唤醒聪慧的大脑

聪慧是人的神经器官（物质基础）产生的一种高级综合能力，包括：感知、知识、记忆、理解、联想、情感、逻辑、辨别、计算、分析、判断、文化、中庸、包容、决定等多种能力。

聪慧让人可以深刻地理解人、事、物、社会、宇宙、现状、过去、将来，拥有思考、分析、探求真理的能力。

聪慧与智力不同，智慧表示智力器官的终极功能，与“形而上者谓之道”有异曲同工之处，智力是“形而下者谓之器”。聪慧使人们做出导致成功的决策，人们常把有智慧的人称为智者。

这里需要提醒父母的是：晚“开窍”的孩子有可能是大智慧的孩子。

因为，自有人类以来，大智慧的人开窍期总是晚于一般人，大智慧的人开窍之前，都没有承受过外界的压力。

所谓开窍期就是从认知混沌到自觉行动、从不成熟到逐步成熟的一个飞跃性转变，这个转变并不像父母所期望的那样发生在孩子11—12岁（初中时期），而是发生在15—16岁以上，即大学或高中（含中专技校）的二、三年级。

如果父母在孩子聪慧“开窍”之前（11—12岁“初中时期”）给孩子过重的压力，就如给尚未开通的管道堵上厚厚的泥沙一样，使孩子尚未开窍的心灵增加重重的压力。

当孩子进入“开窍期”（15—16岁“大学或高中时期”）心理和生理均能够承受更大压力的时候，父母反而放松了给孩子的压力，此时有些孩子可能就会放任自流，不考虑个人的前途和人生目标，即使考入高中或大学后，也只为一纸文凭或一份工作而拼搏。

【案例1】

一个难忘的清晨，妈妈和雨倩散步路过一家琴房，妈妈下意识地带着女儿走进去，女儿摸摸琴、看看老师……

雨倩的妈妈很快发现女儿对钢琴的兴趣，便及时租下一台钢琴，邀请老师上门授课。

当老师修长的手指在琴键上轻快地跳跃时，仿佛是雨天河畔里自由游翔的小鱼，穿梭在水与自然之间，美妙的音乐就像一个可爱的精灵，飞进了女儿的心窗，从此女儿开始了长达十年之久的钢琴生活。其间，雨倩付出了艰辛，享受了甜蜜。

2016年，雨倩获得了中国音乐学院社会考级“十级证书”，参加了国内外很多表演、比赛，屡次获奖。

2017年8月19日，雨倩穿着白色的纱裙，在世界音乐之都维也纳像一名公主般地走向李斯特音乐厅的比赛现场，优雅地坐在钢琴前，雨倩的妈妈感觉自己的心像要跳出来一般，她见证了辉煌的历史一刻。

流畅美妙的钢琴曲从指尖飘出，轻柔时，如冬日阳光，盈亮发光、温暖平静；澎湃时，如飞奔的骏马，驰骋沙场、撼人心魄……雨倩的妈妈入神地听着、看着，如痴如醉。

随着雷鸣般的掌声骤然响起，雨倩的演奏结束了，维也纳国立音乐学院最资深的教授竖起大拇指说“Very-good”，这一声钢琴界权威人士的赞叹分量很重，让雨倩的妈妈心花怒放。“谢谢、谢谢，真的非常感谢你们对雨倩的支持和认可。”雨倩的妈妈有些语无伦次，那种对成功的渴望，那种被压抑已久的情感宣泄，顿时喷薄而出、酣畅淋漓。

此次比赛荣获“一等奖”，这是何等的珍贵和荣耀，又是多么的来之不易。

【分析】

“雨倩的妈妈很快发现女儿对钢琴的兴趣，便及时租下一台钢琴，邀请老师上门授课。”是后来雨倩弹钢琴取得一系列成绩的关键，是“兴趣”的动力驱使小雨倩一步步走向成功。

【案例2】

雨倩3岁半的时候，有幸等到了“海豚声波训练”的机会，炎炎夏日，雨倩和她的妈妈乘坐一个多小时的车程来到海洋馆，由海豚训练师带着雨倩在一个专门的水族馆里，跟海豚近距离接触、拥抱，一起游泳。

刚开始雨倩有些怕，不愿意下水，聪明的海豚游过来，环绕着女儿嬉戏。一个星期左右，雨倩便喜欢上了海豚，并能积极配合整套训练课程。

雨倩在玩中学，在学中玩，每天都很开心，对海豚产生了极大的兴趣。

后来，小雨倩不仅喜欢海豚，对其他事物也逐步产生了兴趣，生活在兴趣满满的生活中。

【分析】

"女儿在玩中学，在学中玩，每天都很开心，对海豚产生了极大的兴趣。"小雨倩是在"玩"的过程中，对海豚产生了"兴趣"，慢慢地，兴趣成了小雨倩的生活导师。

认知：

理解：

做件什么事	怎么做的	做中的感悟

准备：

学会做：

让“兴趣”刺激孩子大脑早开窍

让孩子对学习产生兴趣是促使孩子“开窍”的最佳选择，如运用更好的方法学习，明确学习的目的，让孩子明白：学习是为了享受生活、更重要的是将来的应用，而不是仅仅为了完成学习任务等，减轻孩子的学习压力。

“开窍”后自我产生压力的孩子成熟得早，情商比较高，这情商的来源，是父母的教育使孩子的独立能力得到了有效的锻炼，从而使他们对学习有了明确的目的，即知道自己现在应该做什么，将来要成为什么人。

当下，一些父母采取一些盲目的方法来提高孩子的学习成绩，似乎不知道提升孩子学习成绩，应该是启迪孩子心灵的觉悟，要下功夫培养孩子的情商。

事实上，孩子学习成绩不佳的原因很多，不全是因为“智力”，如有的孩子因不“自信”而对学习不感兴趣等，这些孩子一旦获得“自信”，就会立即“开窍”，从此主动地学习，取得意想不到的好成绩。所以，我们奉告父母们，拿出自己的真心，关爱孩子的方方面面，在激发孩子兴趣上多下功夫，不要消极被动地去扼杀孩子天真无邪、自由的智商。

要使孩子早“开窍”，父母就要经常与孩子交流感情，尊重其兴趣、爱好。让孩子以自己美妙、奇异的幻想去感受并由此对世上万物产生浓厚的兴趣。

如有的孩子对刚买的新衣、新鞋总是非常喜欢，不厌其烦地穿了脱，脱了穿，摸摸这，摸摸那；有的孩子为了得到自己喜欢的玩具像变形金刚、飞机模型等，宁愿放弃好吃的东西，也不愿意舍弃自己喜欢的东西。

这就是孩子的兴趣。当孩子对某件事产生兴趣的时候，他们会放弃一切，情感也会随着兴趣和爱好生发，父母如果忽略了孩子的兴趣、爱好，按照自己的一腔意愿同孩子交流，就很有可能适得其反。

做父母的不能按照自己的主观意愿，对孩子横加干涉，应该尊重孩子的意愿，如：常抽时间陪他们一起游戏、活动，与他们交流感情，走进孩子们的游戏王国，去发现他们的才能和兴趣，并加以正确引导。

社会上发生过很多孩子为了拒绝父母的意愿而自残的悲剧，这正说明孩子的兴趣发展受到胁迫阻碍时，就会产生过重的心理压力，严重影响孩子的身心健康，父母务必引以为戒。

孩子从产生某种兴趣——形成爱好——发展为特长，是一个漫长的过程，做父母的不能急于求成，要注意在生活中逐渐培养孩子的这种兴趣、爱好和特长。

父母要经常给孩子营造氛围，激发孩子做事的动机。鲁迅说：“读书人家的子弟熟悉笔墨，木匠的孩子会玩斧凿，兵家儿早识刀枪，没有这样的环境和遗产，是中国的文学青年的先天的不幸。”鲁迅先生自己小时候生活的家庭环境，就有一种很好的文学氛围，他从小熟读李白、白居易、陆游等人的诗歌以及中国古典名著《西游记》等，为他后来走上文学之路奠定了坚实的基础。

作为父母，如果想培养孩子读书的兴趣，就应该常带孩子逛书店、买书，并经常在家里读书看报，向孩子讲述书中有意思的故事、娱乐性的内容或科普知识等。

经过这样的耳濡目染，孩子自然就会产生对报刊、书籍的兴趣，从而把父母的愿望变成自觉的行动。也就是说，属于孩子自觉想干的事情，其能力就会自然产生。

假如要想培养孩子对拉琴或弹琴的兴趣，除了营造一种家庭的艺术氛围，使之受到潜移默化的影响外，还应把重点放在激发孩子学习的动机上。

营造氛围、激发动机是培养孩子兴趣、爱好和特长的准备阶段，做父母的不可忽视。

除此之外，父母还要努力提高自己的艺术修养。

有些父母错过了学习机会，有的是“科盲”，有的是“音乐盲”，有的是“美术盲”。

他们不愿孩子也像自己一样缺乏艺术修养，因此，自己省吃俭用为孩子买来各种绘画书籍，买来各种乐器，请来家庭教师，千方百计地培养孩子的兴趣、爱好和特长。

这固然是必要的，但是，要注意的是父母自身的修养对培养孩子的兴趣、爱好和特长也有着重要影响。

从培养孩子的兴趣角度来说，如果父母的文化素质偏低，艺术修养欠缺，就会给孩子带来负面的启迪和熏陶。试想，如果父母自己不读书，不看报，不去剧院，不喜欢美术展览，不爱听音乐，怎么能要求自己的孩子获得艺术细胞，并且爱好艺术呢?

事实证明：父母是孩子成长的镜子，孩子是父母付出的影子，父母的一言一行和一举一动都将化成涓涓细流，一点一滴渗入孩子的心灵，成为培养孩子的兴趣、爱好和特长的催化剂。

【案例1】

世界著名数学家、物理学家高斯小时候是一个非常调皮、淘气的孩子，在一次偶然的机会，老师发现了这位数学天才。

那天，老师出了一道算术题：1+2+3+4+…+50=?

不到5分钟，高斯就举手说出了问题的答案，他表现出杰出的数学才能。

从此，老师专门为高斯制订了培养计划，最终使他走上成功之路。

【分析】

当时，如果老师对一贯调皮、淘气的高斯置之不理，结果又会怎样呢？高斯又怎么会有以后的辉煌呢？

【案例2】

有个孩子特别喜欢养鸽子，房间里、桌子上、床头都堆满了各式各样用来养鸽子的工具，每天放学回家，总是和鸽子做伴，鸽子给了他生活的很大乐趣，学习成绩在班里也一度名列前茅。

有一天，孩子回到家里，发现“鸽子”全部让父亲给放进水桶里溺死了，便大哭一场，几顿饭都没吃，并大病一场。

后来，孩子学习成绩一度下滑，由原来的班级前三名，一落千丈，成了每次考试倒数第几名的孩子。

【分析】

“养鸽子”是孩子的兴趣，是孩子生活中的乐趣，本来孩子在“养鸽子”的过程中，可以获得很多意想不到的知识，结果，“鸽子”全部让父亲给放进水桶里溺死了。“养鸽子”是孩子一时的最爱，父亲“溺死”的哪是“鸽子”，分明是孩子生活中的兴趣。

孩子由于生活的失落，其他兴趣也随之减弱，学习成绩便“一落千丈”。

父母须知，人生要读懂两本书：一本是有文字的，而另一本是没有文字的，这就是生活。

认知：

理解：

做件什么事	怎么做的	做中的感悟

准备：

学会做：

让“自信”调整孩子的上进心

要使孩子智慧开窍，最重要的一点就是，要尊重孩子自己的选择，使孩子不断地对学习增加兴趣，以增长见识、学会本事、发展智力。父母教育孩子时要做到：耐心、细致、有序。

耐心：耐心即坚持，不要急躁。对孩子的教育不是一朝一夕的事，要长期地、持续地、持之以恒地坚持下去，才会获得应有的结果。

细致：细致即周到，考虑全面。在教育孩子的过程中，要注意细节，要讲究教育的艺术，这样才能行之有效。

父母要给孩子创设一个丰富多彩的生活环境。

当下，由于家庭环境的单调、留守儿童增多，孩子们很难得到适合自己个性发展的成长环境，其智力发展也受到各种条件的制约。

要发展孩子智力，就要让孩子充分享受大自然的奥妙。比如，某幼儿园阿姨常带孩子到广阔的天地中玩耍，搭积木、玩拼图游戏，让孩子常和玩具、小桶、小铲、图画书等打交道，从小就对万千世界产生了浓厚的兴趣，未来他（她）们就很容易对学习产生兴趣。

有些父母总是以工作忙碌等原因为借口，不考虑孩子的兴趣、爱好，使孩子得不到适应发展的空间，这样一来，孩子的智力发展怎么可能不受到遏制呢？

【案例1】

好好养成了吃饭磨蹭的习惯，吃一口饭要等几分钟，有时一两个小时才能吃完一顿饭，每次吃饭，都靠父母催她吃快点，不要慢吞吞的。

后来，好好的妈妈想了一个办法：夸奖她。好好每吃一口妈妈就表扬一下，结果，这个办法还真奏效，好好慢慢改正了吃饭磨蹭的习惯。

爱听夸奖成了好好妈妈教育好好的一个好办法，好好的父母逢事就用夸奖的办法，确实帮助好好纠正了很多缺点。如好好的胆子不够大，很多事都不敢尝试，父母就经常试着鼓励她。平时好好在家喜欢画图、剪纸，妈妈鼓励她说：“你画得比妈妈画得好啊！”好好听了妈妈鼓励的话，很快把画画好。

现在，好好常常拿起笔没事就画，画圆呀，画三角形呀，还会把画的图案剪出来。

【分析】

鼓励孩子成长，固然没有错。但是，如果把孩子该做的事，像自己收拾玩具、走路之类都拿来表扬，久而久之，孩子也可能把这些事当作谋取夸奖的交换条件。

【案例2】

小斌在幼儿园上大班，前几天参加跳绳比赛时，得了全班的第一名。

放学后，小斌兴冲冲地跑过来跟妈妈说：“妈妈，我得了全班跳绳比赛第一名。”

当时，妈妈正忙于做饭，随口就说了一句：“我早就知道，你做得很好。”小斌好像不是太满意妈妈的回答，低下头，表现出一脸失望的表情。

看到小斌的样子，妈妈赶紧加了一句：“儿子，你真棒！”小斌还是没精打采地抱着玩具自己去一边玩了。

妈妈不知道到底怎么了，对儿子的夸奖难道错了吗？他为什么是这种反应呢？

【分析】

儿子经过努力而获得的成绩，期待的是妈妈的关注。“我早就知道，你做得很好。”“妈妈不知道到底怎么了，对儿子的夸奖难道错了吗？”多么轻描淡写的认知啊！这哪是夸奖？分明是无视，孩子怎么可能不失望呢？

认知：

理解：

做件什么事	怎么做的	做中的感悟

准备：

学会做：

要鼓励孩子主动学习

很多父母从孩子一入学开始，就千方百计地让孩子背诗、背书、背英语，甚至把孩子的双休日、节假日都安排得满满的。

想让孩子多学点东西，这个出发点是好的，但是，父母的单方意愿，孩子是不是真的喜欢呢？这种不顾及孩子的感受，不管孩子学得是否辛苦，是否产生不想学的念头，只是一味逼着孩子学的做法，不仅不能提升孩子的学业成绩，还会影响孩子的身心健康。

如何培养孩子的学习兴趣呢？

首先，要尊重孩子。给孩子一些自由宽松的时间，让他们去做自己感兴趣的事。有些孩子喜欢动手操作，搞一些小制作，常把家里的物件拿出来鼓捣。

这个时候，父母就不要阻止，要根据孩子的兴趣特点，为他们提供创造的机会。

让孩子多参加一些有益的活动和比赛，从小培养孩子对大自然的兴趣，为孩子未来事业的成功奠定良好的基础。

其次，要注意培养孩子的学习习惯。

例如，有的孩子一听到写作文就头疼，觉得无事可写，这是为什么呢？原因很简单：由于孩子没有切身体会，只能瞎编乱造。父母就应该增加孩子的生活实践，把孩子的学习和生活紧密联系起来，并将学习兴趣引导到生活中来。

孩子做手工制作，父母就要给孩子提供制作的机会。孩子做得多了，看得多了，写作的时候就会把生活中的体验写得活灵活现，也就不会感觉写作枯燥了。

再次，要保护孩子的好奇心。

孩子对世上一切都会感到非常新奇，他们有着旺盛的求知欲和好奇心，对于新异、奇特的东西有浓厚的兴趣。比如，日月星辰、花开花谢、蜜蜂采蜜、蚂蚁搬家等自然现象都会引起孩子强烈的好奇心。

父母应该极力保护孩子的这种好奇心，经常带孩子观察自然现象，有条件的最好经常和孩子一起研究这些自然景象，这样才更有利于保护孩子的好奇心。

最后，要关注和培养孩子的特长和爱好。

要注意观察并及时发现孩子的兴趣和天赋，并及时加以引导。不同的孩子对事物的兴趣有不同的感觉。有的孩子喜欢音乐，能准确地唱出每个音符；有的孩子爱好美术，衣服、纸张、地面、墙壁都是他们的画纸；有的孩子对读过的书，看过的画过目不忘；有的孩子对各种昆虫和各种小动物有着特殊的感情，为了死去的动物而吃不下饭。

这些现象都是孩子表现出来的对某一种事物的兴趣或在某一方面的天赋，做父母的不能熟视无睹或等闲视之，更不能横加指责、盲目否定，应该细心观察，发现他们的兴趣和天赋，因势利导，使孩子的兴趣沿着积极、健康的方向发展。

【案例1】

那年春节，天很冷，雨倩穿着厚厚的羽绒服，戴着毛茸茸的帽子，右手执笔，左手背后，很有气度，周边围满了人，每当有人点名要哪副对联，雨倩便提笔、顿笔、落笔，一气呵成。“快来看呀，这个小姑娘在写对联！”“这女孩是天才，小书法家……”这是2016年春节前夕，在住宅楼下，雨倩受邀为住户写春节对联的情景。雨倩并不在意周围的夸奖和目光，完全沉浸在创作中。

仿佛这些对联是神来之笔、浑然天成！可是，哪有捷径可走？雨倩练就一手好书法，绝非偶然。

记得雨倩12岁那一年，刚上小学五年级，遇到一位老先生教书法，妈妈本想让雨倩试试笔，没想到雨倩对书法产生了极大的兴趣，后来，雨倩对笔画掌握特别快，老先生欣然接受了这个年仅12岁的小学生。（图3）

从最基本的笔画开始，到楷书、隶书、行书、行草、草书，最后过渡到狂草，年复一年，春夏秋冬，不知道沾染了多少墨香，不知道挥洒了多少汗水。

至今，雨倩的书法进步非常快，书法老先生感叹地说：“雨倩书写有灵气，如仙人附体，并非常人所有。”雨倩的每个作品，先生总是为她收藏起来（图4）。

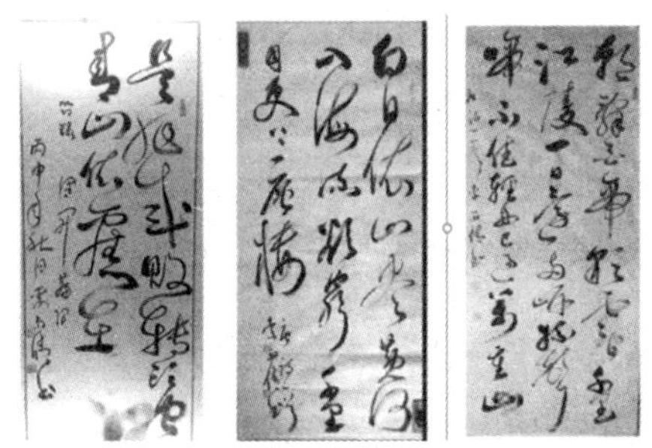

图3　有灵气的书法

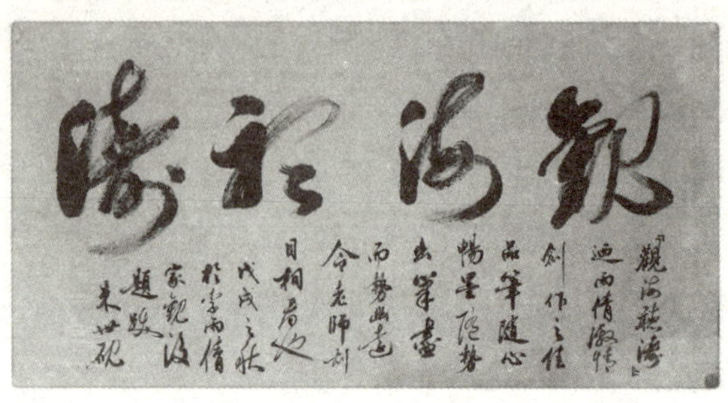

图4　雨倩12岁时的书法

【分析】

雨倩之所以练就一手好书法，起因就是她对书法的兴趣，是兴趣成了她最好的老师，加之母亲及时给予的机遇、老先生的精心指导，让她披荆斩棘，克服重重困难，勇往直前，以过人的胆识和韧性、坚定的信念和毅力，在历练中取得了成功。

【案例2】

好的习惯是成功的快车道。现在的孩子都比较活泼、开朗、极其贪玩，而且兴趣也很广泛。林晓对电视、电脑的热情极高。林晓妈妈与林晓约定：作业没写完，不允许打开电视、电脑，在作业完成的前提下，才可以有选择地看电视节目、玩电脑，但时间要有限制。同时，林晓父母还有意识让林晓养成良好的生活、学习习惯，父母以身作则。

林晓父母认为：为了孩子，父母应该戒掉电视瘾，少玩电脑，特别是电脑游戏，更不能在孩子做作业时玩，因为父母的言行对孩子起着潜移默化的作用。

要培养孩子良好的个性品质，父母必须言行一致，表里如一。

林晓妈妈说：“作为父母，放下电视，和孩子一起看看书，搞一些体育活动，聊一聊学习，不但可以提高孩子学习的兴趣，更重要的是可以帮他们养成良好的生活习惯，对孩子来说是终身受益的。”

【分析】

林晓父母培养林晓学习习惯的做法是值得借鉴的。良好的家庭氛围，对于孩子的影响是不可估量的。父母通过自己的行为，为孩子营造勤奋好学的家庭氛围，让孩子从小产生学习的兴趣，这样才能使他们主动拿起书本，主动地追求知识，真正地学会学习。

父母要想让孩子专心学习，首先自己要安静下来，在孩子学习的时候，不要分散孩子的注意力，如不看电视、不大声说笑，选择安静的活动，如看报纸、看书等，让孩子在父母的潜移默化中，学会专心致志地学习，进而激发孩子自觉主动地学习。

认知：

理解：

做件什么事	怎么做的	做中的感悟

准备：

学会做：

要及时认可孩子的进步

无论孩子表现得多么笨拙，把事情做得多么糟糕，做父母的都应该细心引导，从心理上给予孩子关心和鼓励，保护和激发孩子的兴趣，不要求全责备。比如，孩子在房间画画，把地面弄得很脏时，父母千万不要大发雷霆，也不要因为孩子画得达不到要求而漠不关心，甚至加以制止，要时时关心、询问，给予积极的评价，并加以鼓励，为孩子提供必要的绘画环境和绘画工具，如果有时间最好抽时间参与孩子的绘画、欣赏孩子的绘画作品，或者可以用孩子的画装饰、布置房间。

这样既可以增强孩子的自信心，又可以使孩子把画画得更好。久而久之，绘画就会成为孩子生活的一部分。

总之，培养孩子兴趣、爱好和特长的方式方法很多，不能一概而论，每位父母应根据自身条件和孩子的表现，因人而异，因材施教，这样就会获得成功。

父母同教师一样是富有智慧的人类创造者，因为儿女的智慧在其还未降生到人间的时候，就从父母的根上伸展出来。

在孩子没“开窍”之前，父母要注意引导孩子根据自己的兴趣和爱好来学习，并寓教于乐。引导孩子去理解世界、理解人与人之间的关系，还要让孩子有足够而充分的社会锻炼来练习自己独立自主的能力。

不少父母一直存在着这样一种错误的观念：认为孩子多参加社会锻炼会耽误学习，忽略了孩子参加社会锻炼和开阔孩子的眼界，殊不知，这样做会启迪他的学习兴趣，激发学习潜能，更有利于提升孩子的学业成绩。

无数的成功案例告诉我们：提高孩子的学习成绩，让他们自觉地学习才能使孩子的学业成绩得到真正的提升，靠“填鸭式”的灌输，让孩子被动地接受，只能使孩子养成死记硬背的懒惰恶习，不仅不能培养孩子独立分析问题的能力，还会扼杀孩子的创新、创造力，压抑孩子的强烈的求知欲。

【案例1】

思佳今年读三年级，学习成绩很不理想，尤其是数学。尽管妈妈经常对她讲数学的重要性，但是学习成绩总是没有起色。

有一天，妈妈拿了一个有趣的关于计算的脑筋急转弯，思佳觉得很有意思，就很认真地思考。

顺势妈妈引导她读了很多锻炼大脑思维的书籍，在妈妈的帮助下，思佳对数学产生了强烈的兴趣，她觉得在思考的过程中可以得到很多快乐，还总结了很多学习方法。

不知不觉，思佳的数学成绩有了很大进步，学习能力也不断增强。

【分析】

学习兴趣不是与生俱来的，而是在长期的教育影响和实践中不断发展起来的。孩子对学习产生了兴趣，自然会全心全意地努力学习。父母要让孩子的学习充满新鲜感，让孩子对事物充满好奇，他们就会积极地去探索，从而提升自己的学习能力；相反，如果对周围的事物不感兴趣，就不会激发起学习的欲望。父母也要不断赏识孩子的进步，用榜样的力量来激励孩子，激发起孩子对学习的热爱。

【案例2】

孩子不爱学习，父母是有责任的。

许多父母总是抱怨孩子学习不自觉，让人操心，很少意识到责任其实就在自己身上。

我国著名儿童教育家陈鹤琴先生曾针对父母对孩子照

料过度的现象说过这样一句话：“做母亲的最好只有一只手。”正是父母过度的爱，剥夺了孩子尝试自主学习的机会，使孩子在学习上变得容易依赖别人，缺乏自主。

【分析】

案例中提到的现象在目前的家庭教育中很普遍。现在的家庭大多只有一两个子女，生活的重心都是以孩子为主。在学习上，孩子一旦遇到问题，父母便上阵解围。由于父母的溺爱，孩子时常处于被动地应付学习的状态之中，从来不敢主动去干点什么。

所以，父母要学会放手，让孩子自己学习处理事情。对于孩子的事，父母不要事事给建议。孩子取得微小的进步，父母都要及时进行表扬和肯定，并相信他还会取得更大的进步，从而增加孩子的自信。

认知：

理解：

做件什么事	怎么做的	做中的感悟

准备：

学会做：

不要忽略孩子的“情商”培养

孩子在妈妈肚子里就开始与妈妈的互动，在妈妈肚子里“卖萌”是他（她）们的天性，这种现象不只是在出生后的婴儿期，而是在妈妈肚子里，就开始“萌动”了，这种“萌动”就是一种“情商”的开始。

很多妈妈都有这样的好奇：“胎宝太可爱了，在肚子里还喜欢‘卖萌’，出生后怎么得了？”

在很多人的印象中，觉得宝宝在妈妈肚子里的时候，除了吃就是睡，过得无忧无虑。

其实，宝宝在妈妈肚子里的时候，一天到晚主要忙着做四件事。

1. 练自己的"肺活量"忙着吞羊水

"胎儿"的营养主要靠脐带的供给，但宝宝为了努力让自己变"强壮"，出生之后能够更好地适应环境，在妈妈肚子里的时候，就努力锻炼自己。

2. 忙着监督妈妈是否有足够营养补给，即有没有"嘴馋"

"胎儿"除了忙着自己茁壮成长，还要"操心"妈妈有没有足够的营养补给，即有没有"嘴馋"，特别是辛辣刺激性的食物，为了"以防万一"，胎宝只能"不辞辛苦"地做"监工"。如果发现妈妈没有足够的营养补给，就会身体力行地提醒妈妈："这样做是不对的。"

3. 找"伴侣"忙着玩脐带

脐带是母体和胎儿进行物质交换的重要连接，长度在30—100cm之间。在"黑洞洞"的子宫里，宝宝唯一的"伴侣"就是脐带了。听起来有些"惨兮兮"，但宝宝却很会"自娱自乐"，偶尔兴奋的时候，还能"玩出个花样来"，即一不小心就将自己绕到脐带里。

4. 忙着偷听爸爸和妈妈的"悄悄话"

孕期16—19周，胎儿的听力基本上开始形成，可以听到孕妈妈的心跳和肠胃蠕动的声音。胎宝的听力发育得比较早，等到发育到7个月左右，胎宝已经具备了"偷听"的能力，不仅能听到妈妈的心跳，还对妈妈的说话声音很敏感。

婴儿出生后特别喜欢接触妈妈的肌肤，妈妈多给孩子做一些皮肤按摩，及时回答孩子的所有反应，以建立双向“对话”，孩子心里就会感到安定。在孩子醒的时候，离他耳边10cm的地方，轻柔地呼唤他的名字，通常孩子会非常高兴，并亲热地看着妈妈；孩子过了满月后，孩子会通过笑、踢腿和挥手来表示烦恼、兴奋和快乐。

特别是在3个月左右，孩子会表现出“天真快乐反应”。也就是每当他看见妈妈时，不仅专注地看着妈妈的脸，手和脚也会高兴地乱踢蹬，并想牙牙学语地扑过去。

妈妈采取母乳喂养可以让孩子通过妈妈的乳房享受吃奶的快感，从而引发特有的天真快乐反应，促进孩子最初的接触体验。

当孩子咿呀自语时，妈妈应主动与孩子交流，提高孩子发音的兴趣，并让孩子模仿不同口型发出不同的声音或播放一些音乐儿歌，让孩子在欢乐的气氛中咿呀学唱。

每次孩子吃饱后以及醒着的时候，妈妈脸上要带着微笑与孩子对视着说话，并用和蔼亲切的声音多逗孩子笑一笑。这种笑是孩子博得别人喜爱，尤其是妈妈喜爱的最有力手段，可表达出宝宝与人交往的快乐。

每当有这种需求时，妈妈都要积极给予回应。

孩子哭时要注意观察他为什么而哭，尽量满足需求，这样才能增进孩子以后对他人的友好及信任。

孩子4—6个月时已经不甘寂寞了，一见妈妈就会高兴地笑，如果妈妈突然离开他，他就会哭起来。到了五六个月左右，看到生人就会紧张，有时会躲避也许还会哭，不愿让生人接近他，但孩子会通过抚摸妈妈的脸表示问候。

从这时起，妈妈就应注意不失时机地把一些陌生的客人介绍给孩子，让他逐渐从心里适应与生人接近。

当孩子发出不同的声音时，妈妈要积极模仿，而且要不断地变化音高、音量，也可以故意给孩子听一些其他的声音，如风铃声、搓纸声等。

多和孩子一起玩些生动有趣、能响能动的玩具，如小鸡吃米、哗啦棒、小熊打鼓等。

孩子7—9个月时从镜子中看见自己，就会微笑，还会拍打及亲吻镜子中的自己，这时，自我意识开始萌芽。当他与别的孩子在一起时，不仅看着人家，还伸手去摸，到了9个月左右时他甚至抢人家的玩具。不过，也想和别人做游戏，而且会搂抱、亲吻家人，举起手让别人抱。

促进孩子自我意识的萌芽，可让孩子多照镜子、帮助他区分出自己和他人，并学习一些简单地与人交往的动作，如挥手再见、摇头表示“不”。

既然孩子有了与人碰触的愿望，妈妈就应该尽量多给予孩子与自己的身体相互接触的机会，满足孩子碰触的心理需求。

当孩子发出“爸”“妈”的声音时，父母要积极地答应，这样可促使孩子认识声音和与人沟通。

孩子10—12个月时喜欢让别人笑，已经有了一些幽默感，与妈妈分别时知道要亲吻、搂抱一下。不过，有的孩子很“自私”，不让别人拿走自己的东西，如玩具等；有的孩子却很“大方”，喜欢把自己的东西送给别人一起分享；有些孩子喜欢别人逗他玩，常常报以热情的微笑。

父母要在孩子做游戏时，尽量让孩子多欢笑一些；讲故事时多讲笑话，并且要经常笑出声来赞许孩子，不断激起孩子的幽默感。

开始培养孩子的社交能力，比如让孩子多和别的小朋友或不熟悉的人在一起，并教孩子在分别时与人挥手道别。妈妈每次离开孩子时，一定要亲吻他，回来后要向他问好。

当孩子对别人表现出“不礼貌”或“不友好”时，妈妈要表示出不满意的样子，并引导孩子应该怎样做，不应该怎样做，避免孩子形成不好的生活习惯。

如果孩子对人有礼貌、很友好，应点头赞许，拍手叫好，以强化孩子的这种表现，这样就会有助于孩子形成良好的交往能力。

孩子12—15个月时，喜欢参加一些聚会，喜欢倾听别人的谈话，同时自己也能说一两个有意义的词，还会把玩具拿给别人玩。

孩子一旦学会走步，就会产生探索新环境、结交新朋友的强烈愿望。由于生活能力差，孩子对妈妈的依赖性反而增强。有时妈妈一离开就哭，此时的孩子独立性与依赖性同时增长。

如有可能的话，父母多带孩子参加各种家庭聚会，并且让孩子充当大人的“配角”，让孩子感到自己同参加聚会的大人一样。

为了消除孩子的陌生感和恐惧心理，把孩子介绍给不认识的小朋友或不熟悉的人，并尽量让孩子和别人在一起。

如果孩子在3岁之前很少与小朋友接触，3岁以后则需很长时间才能习惯和小朋友一起玩。因此，妈妈要多带孩子出去，自由自在地和小朋友玩耍。

孩子15—18个月时独立性逐日增强，对妈妈干的家务活也感兴趣，甚至还能帮上一点忙。对大人的事也越来越感兴趣，经常喜欢模仿大人，还会对家人、家里的宠物、玩具娃娃表现出自己的喜爱。

此时父母可有意地让孩子帮助家人做些简单的事情，比如爸爸下班回来了，帮助拿一下拖鞋，培养孩子助人为乐的精神。

当孩子对小朋友、家人或宠物表现出爱和关切时，妈妈要及时鼓励并夸奖，激发孩子善于表达爱意的能力。

【案例1】

前两天，李红的婆婆给孩子买了双新棉鞋。刚一穿上，孩子就疼得龇牙咧嘴地叫起来：“啊，好疼！太紧了，我要脱掉！”婆婆按住孩子的脚，不让他脱，说：“可以穿的，怎么不可以穿，刚刚好啊，奶奶专门给你买的，快穿上！隔壁的文文姐姐也穿这个鞋子，怎么不可以穿！不可以脱掉！”这是奶奶不心疼孙子吗？并不是。在这个情境中，奶奶只知道孙子没有接受她买的新鞋，却感受不到孙子挤得脚疼。因为脚疼的是孙子，而不是奶奶。

【分析】

著名的心理学家皮亚杰的实验：让孩子从四个面观察桌子上的三座山之后，让孩子描述坐在对面的洋娃娃看到了什么。许多孩子会回答洋娃娃和自己看到的是一样的。

人的思维模式都是以自我为中心的，无法理解他人与自己的不同。无法站在不同的角度、不同的立场，以及更高的维度，来客观地思考问题、认知问题。

有的父母总以为自己看到的也是人家所看到的，自己所感受到的也是人家所感受到的。案例中奶奶就是这样，她觉得鞋合适，但孩子穿却挤得脚疼。

作为父母，从孩子懂事的时候起就应该有意识用语言给他描述，帮助孩子学会理解和识别不同的情感，比如高兴、难过、失落、悲伤、生气、尴尬、害怕、惊慌、恐惧、友好、厌烦、趋近、退缩、讨好、排斥、平静等，让孩子认知到不同的人会有不同的想法、感受和期待，进而学会站在他人的角度去感受，去理解。

【案例2】

有一次高老师带孩子去听课。课上孩子因为很喜欢那位老师讲的课，就想送橘子给老师吃，孩子在一袋橘子里挑最小的几个橘子拿出来准备送给老师。

面对这种情况，高老师准备马上批评孩子做得不对，但转念一想，怎么能用自己的标准要求一个3岁的孩子呢？

高老师问孩子：如果有人送橘子给你，你希望收到大橘子还是小橘子？孩子不假思索地回答道："大橘子！"

高老师说："对啊，你看，你希望收到大橘子。那你觉得老师希望收到大橘子还是小橘子呢？"

孩子想了想，回答道："大橘子！"高老师说："如果人家把小橘子送给你，你开心吗？"孩子说："不开心！"

高老师说：“你觉得老师收到你给的小橘子会开心吗？”孩子若有所思地摇了摇头：“不开心！”

高老师说：“你是希望老师开心，还是希望老师不开心？”孩子说：“我希望老师开心！”

高老师说：“你觉得应该送给老师大橘子还是小橘子？”

孩子说：“大橘子！”

最后，孩子开开心心地挑了袋子里最大的三个橘子拿去送给老师，把老师高兴得眉开眼笑。

【分析】

人有两个大脑：一个是反应快的、冲动的、容易犯错的情绪大脑，一个是反应慢的、理性的逻辑分析大脑。人的行为出错或闯祸，多是因为凭着本能冲动去行事。

所以，在孩子面对一个冲突事件的时候，父母要尽可能耐心教会孩子全面地去描述事情，站在不同立场、不同角度去体会和感受他人的想法，这也是一种“去自我中心化”的思维训练。比起简单的呵斥或者哄骗，每件事都去耐心地和孩子解释的确是很费工夫，但是父母要清楚，你若没有耐心，你的孩子就一定会变得没有耐心；你若做事全凭本能冲动，那么孩子也会被本能冲动的情绪所控制。“耐心”也是为人父母必须具备的品质。

认知：

理解：

做件什么事	怎么做的	做中的感悟

准备：

学会做：

要不断鼓励孩子有主见

相当一部分父母习惯于事事为孩子做决定，总认为“孩子他还小”，不尊重孩子的意见；一旦孩子不遵从，就大加责备。

其实，孩子都有自己的想法，父母在任何时候都要注意：让孩子充分表达自己的意愿，给孩子独立思考的机会，如：带孩子去超市购物，可以问他自己想买什么；替孩子洗澡前，可以问他应该做些什么准备；带孩子出门，可以问他想乘坐什么交通工具；带孩子去旅行，可以问他自己觉得应该准备些什么东西等。

父母倾听并引导孩子自由地表达思想，要做到以下几点。

1. 让孩子有“主见”，做到决策时静听孩子“唠叨”

有些孩子总是喜欢唠唠叨叨地讲他（她）见到的一些人或事，此时，父母千万不要嫌孩子啰唆和麻烦，因为孩子的这种“唠叨”，恰好是自主意识的体现，他们试图向父母表达自己对这个世界的看法。父母不仅要静听，还要鼓励孩子多“唠叨”。

2. 平时与孩子沟通时，勿抢孩子的“话头”

不少父母在听孩子讲话时，总觉得孩子的语句、用词不够成熟，喜欢打断孩子的话，这样做很容易剥夺孩子说话的机会，让孩子对自我表达失去信心。父母在孩子想说话的时候，即使词不达意，也要让孩子用自己的语言把意思表达清楚，不能打断或做孩子的“代言人”。

3. 随时留意孩子的“报告”

父母可随时随地提醒孩子注意观察事物，给他们探索的机会，观察之后，应问一问他看见了些什么，学会了些什么。当孩子向父母做“报告”时，父母要认真倾听并适时点拨，让孩子得到鼓舞。

4. 要认真聆听孩子的“辩解”

当孩子为自己所做的事与父母争辩时，父母千万不能斥责孩子，要给孩子充分的辩解机会，当孩子与他人争吵时，父母不需要立即去调解纠纷，可以在旁聆听和观察，看他说话是否合理，是否有条理，这对培养孩子独立思考的能力是有益的。

5. 别拿自己的孩子与他（她）人比较

生活中不要常在孩子面前夸别的孩子如何如何。像“你看×××做得多好”“你看×××穿的衣服多好看”等。这样很容易使孩子怀疑自己，或者对自己失去信心，无形中加重了孩子的心理负担。

6. 要让孩子相信自己的力量

要不断丰富孩子的知识，从多方面提高孩子的能力。

父母要不断创造条件，使孩子有充分表现自己的机会，孩子的事情尽量让孩子自己做，并给予及时的肯定，增强孩子对自己的认识，从而相信自己能行。

7. 要提高孩子分辨是非的能力

孩子年龄小，是非判断标准还很模糊，他们主要是按自己喜爱和厌恶的情绪来判断是非。父母在生活中要耐心地正面诱导、纠正，使孩子通过成人对其行为、言语的评价，逐步认识到自己行为的是非，从而提高分辨是非的能力。如孩子听见某些人说了脏话，于是就跟着学，这时父母就需要解释清楚，如这是骂人的话，不好听、不文明、不要学等。屡经疏导，孩子就不会因从众心理而仿学不良行为，进而形成良好的个性品质。

8. 孩子自己的路，让孩子自己走

在餐厅点菜、在商场买衣物时，让孩子从小就有发言和选择的机会，不要一味地把自己的意志强加给孩子，如：“这个味道不错，吃这个吧！”“这个更可爱！”“这件很适合你，买这件吧！”等，如果这样，孩子就会逐渐失去自己的主见。

9. 不要总给孩子讲些不切实际的理论

遇事父母切勿唠唠叨叨地对孩子说个没完没了，也不要过多地指责、命令孩子，最好让孩子多说，做好听众。在孩子沉思时，不要催促，要慢慢地听孩子讲下去。

10. 引导孩子提高叙述事情的能力

当谈到一些书籍和电视的话题时，父母要引导孩子把从书本上读到的和从电视上看到的内容，有条理地讲出来，让孩子把在校园里发生的事情讲出来，在旁边静静地倾听。在孩子表达不清时，从旁给予提示，引导孩子有条理地讲下去，这样有助于训练孩子思维的逻辑性和条理性。

11. 要常常赞扬孩子的主张

当孩子说出自己的想法时，父母要认真地听，孩子见解正确时，要给予及时表扬。孩子的意见不合情理时，要亲切、认真地加以说明，让孩子能够接受。

父母如果总是抑制孩子的思维，不让孩子的意见得到抒发，孩子就不会向父母表达自己的主张了。

【案例1】

有一次白云守端禅师和他的师父杨岐方会禅师对坐，杨岐问："听说你从前的师父茶陵郁和尚大悟时说了一首诗，你还记得吗？""记得，记得。"白云答道，"那首诗是：'我有明珠一颗，久被尘劳关锁，一朝尘尽光生，照破山河星朵。'"语气中免不了有几分得意。杨岐一听，大笑数声，一言不发地走了。白云怔了下，不知道师父为什么笑，心里很愁烦，反复思索师父的笑，怎么也找不出笑的原因。

晚上，白云睡在床上还辗转反侧，怎么也睡不着，第二天实在忍不住了，一大清早就去问师父为什么笑。

杨岐禅师笑得更开心，对着失眠而眼眶发黑的弟子说：

“原来你还比不上一个小丑，小丑不怕人笑，你却怕人笑。”白云听了，豁然开朗。

【分析】

身为一个凡人，我们有时比不上一个小丑，很多时候我们就是陷于别人给我们的评论之中。别人的语气、眼神、手势都可能搅扰我们的心，影响我们往前迈进的勇气，甚至成天沉迷在白云式的愁烦中不得解脱，白白损失了做个自由快乐的人的权利。

【案例2】

从前，有一位画家想画出一幅人人见了都喜欢的画。画毕，拿到市场上去展出，画旁放了一支笔，并附上说明：每一位观赏者如果认为此画有欠佳之笔，均可在画中做记号。晚上，画家取回了画，发现整个画面都涂满了记号——没有一笔一画不被指责。画家十分不快，对这次尝试深感失望。

画家决定换一种方法再去试试。他又摹了同样的画拿到市场展出。这一次，他要求每位观赏者将其最为欣赏的妙笔都标上记号。

当画家再取回画时，发现画面又涂遍了记号——一切曾被指责的笔画，如今却都换上赞美的标记。

“哦！”画家感慨地说道，“我现在发现一个奥妙，那就是我们不管干什么，只要使一部分人满意就够了。因为，有些人看来是丑恶的东西，在另一些人眼里恰恰是美好的。”

这就是说众口难调，一味听信于人，便会丧失自己，做任何事都患得患失，诚惶诚恐，一辈子也成不了大事。

【分析】

看了以上故事，不知你是否有所感触，一个人不能没有自己的主见，或自己虽有考虑，如果常屈从于他人的看法而改变自己的想法，人云亦云，随波逐流，一味讨好和迎合别人，就会迷失自己。

做人做事，一定要独立思考，明辨是非，选择正确的立场观点。如果做事怕人议论，有人提出反对意见，就不敢再做下去了，不仅说明这个人没有“定力”，也说明他没有“定见”。没有定见和定力，就不是一个独立自主的人。

认知：

理解：

做件什么事	怎么做的	做中的感悟

准备：

学会做：

要孩子自立就要先自主

在日常生活中，每位父母都希望孩子早日自立，要孩子自立，就要随时随地让孩子先自主。

1. 吃的要自主

在不影响孩子饮食均衡的情况下，父母可以让孩子自己选择吃什么。例如，饭后吃水果时，父母不必强迫孩子今天吃苹果，明天吃香蕉，而让孩子自己选择。

2. 穿的要自主

父母带孩子外出玩耍时，在保证安全、健康的前提下，可以让孩子自己决定穿什么衣服，切忌随自己喜好而不顾孩子的感受。

3. 玩的要自主

不少孩子在玩游戏时，并不想让大人制定他们的游戏规矩，更愿意自己决定游戏的方式并体验其中的乐趣。

在这种情况下，父母就要让孩子自己选择玩具和玩的方法，满足孩子的自主意识，帮助他成为一个有主见的人。

父母要明白，孩子有自己的主见并不是要不听劝告，一意孤行，而是当他们面临抉择时，须保持清醒的头脑，不要人云亦云，要做出自己的判断。

父母教育孩子首先要忠于自己，不必老是顾虑别人的想法，或总是想要取悦他人。

生命可贵就在于能按自己的想法生活，做最好的自己。

【案例1】

一只掉进深井的狐狸，因为想不出逃脱的方法，所以就像囚犯般地被拘禁在井底。此时，有一只山羊因为禁不住口渴而走到井边。当它看到井里的狐狸，就问狐狸井水的味道是否良好。狐狸以欢欣的态度掩饰悲惨的处境，极力夸赞水质之优美并鼓励山羊下到井底。山羊只顾口渴，不假思索地往井里跳。

等山羊解渴后，狐狸告诉它目前它们所共同面临之困境，并提议脱困的方法。狐狸说："你把前脚放在墙上，头部低俯。我跳到你的背上，便可爬出这口井，然后再帮助你脱困。”

山羊一接纳狐狸的这个建议，狐狸就立刻跃登山羊的背上，抓住山羊的两只角，稳步地爬到井口，然后拔腿就跑。山羊痛骂狐狸毁约，狐狸则转身大叫：“老笨蛋！假如你的头脑能像你的须子那样多，你将不会在摸清出路之前，就纵身往井里跳，也不会让自己置于无法逃脱的困境中！”

【分析】

是啊，自己不进行独立思考，按照别人的意见去办，最后只能自己承担苦果。如果你采纳别人的意见，有人会高兴，但是高兴的不是你。一个毫无主见的人只能接受被人欺骗的命运，一个轻信他人的人同样只能接受失败的苦果。

【案例2】

一名中文系的孩子苦心撰写了一篇小说，请作家批评。因为作家正患眼疾，要孩子将作品读给作家。

读到最后一个字，孩子停顿下来，作家问道：“结束了吗？”听语气似乎意犹未尽，渴望下文。这一问，煽起孩子的激情，孩子立刻灵感喷发，马上续道：“没有啊，下部分更精彩。”孩子以自己都难以置信的构思继续叙述下去。到一个段落，作家又似乎难以割舍地问：“结束了吗？”

小说一定是摄魂勾魄，教人欲罢不能！孩子更兴奋、更激昂、更富于创作激情啦。他不可遏止地一而再、再而三地续读、续读，最后电话铃声响起，打断了孩子的思绪。作家匆匆准备出门。孩子问："没读完的小说呢？""其实你的小说早该收笔，在我第一次询问你是否结束的时候，就应该结束。何必画蛇添足、狗尾续貂？该停则止，看来，你还没把握情节脉络，尤其是缺少决断。决断是当作家的根本，否则绵延逶迤，拖泥带水，如何打动读者？"听了作家的话，孩子追悔莫及，自认性格过于受外界左右，作品难以把握，恐作品还是不佳。

很久以后，这名年轻人遇到另一位作家，羞愧地谈及此事，谁知作家惊呼："你的反应如此迅捷、思维如此敏锐、编造故事的能力也如此强盛，这正是成为作家的天赋呀！假如正确运用，作品一定会脱颖而出。"

【分析】

"横看成岭侧成峰，远近高低各不同。"凡事绝难有统一定论，谁的"意见"都可以参考，但永不可代替自己的"主见"，不要被他人的论断束缚了自己前进的步伐。

遇事没有主见的人，就像墙头草，东风东倒，西风西倒，没有自己的原则和立场，不知道自己能干什么，会干什么，自然无法迈向成熟。

认知：

理解：

做件什么事	怎么做的	做中的感悟

准备：

学会做：

培养孩子平和、宽容、豁达的性格

平和是指性情温和、安静、恭顺、谦逊、不偏激。

心态平和的人心地善良，善于宽容、体谅他人，是具有强大克制力和耐心的人。

平和的人总是幸福的，不仅自己幸福，也使别人幸福。

平和的人，能拿得起放得下，不患得患失，斤斤计较，时时感到光明快乐和美丽的生活就在自己的身边。他们眼睛里焕发出来的光彩使整个世界都流光溢彩。在这种心境下，荆棘会变成鲜花，寒冷会变成温暖，痛苦会变成快乐。

宽容就是在心理上对别人的接纳，是理解他人、尊重他人的处世原则和方法。宽容就是用爱去包容、去化解。只有宽容，我们才能真正地和平相处，社会才能和谐稳定。

豁达就是快乐、宽宏大量，与人为善就是幸福。童心常驻、精神快慰是难得的享受。

孩子的人生若能拥有一种平和的心态，以鉴赏的眼光发现事物的美好，感悟生命的真谛，未来即使清苦也潇洒自如，即使平凡也倍感幸福。

【案例1】

林肯在参议院演说时遭到一个参议员的羞辱，那参议员说："林肯先生，在你开始演讲之前，我希望你记住自己是个鞋匠的儿子。""我非常感谢你使我记起了我的父亲，他已经过世了，我一定记住你的忠告，我知道我做总统无法像我父亲做鞋匠那样做得好。"

参议院陷入了一片沉默。他转过头来对那个傲慢的议员说："据我所知，我的父亲以前也为你的家人做过鞋子，如果你的鞋子不合脚，我可以帮你修理它。虽然我不是伟大的鞋匠，但我从小就跟我的父亲学会了做鞋子的技术。"他又对所有的参议员说："对参议院的任何人都一样，如果你们穿的那双鞋是我父亲做的，而它们需要修理或改善，我一定尽可能帮忙。但有一点可以肯定，他的手艺是无人能比的。”说到这里，所有的嘲笑化作了真诚的掌声。

有人批评林肯对待政敌的态度：“你为什么试图让他们变成朋友呢？你应该想办法打击他们，消灭他们才对。”“我们难道不是在消灭政敌吗？当我们成为朋友时，政敌就不存在了。”林肯温和地说。这就是林肯消灭政敌的方法，即将敌人变成朋友。

【分析】

林肯两度被选为美国总统。今天，在以他名字命名的纪念馆墙壁上刻着这样一段话：“对任何人不怀恶意；对一切人宽大仁爱；坚持正义，因为上帝使我们懂得正义；让我们继续努力去完成我们正在从事的事业；包扎我们国家的伤口。”

【案例2】

朱自清教授在失意中始终追求内心的平和。在20世纪30年代，中国兵荒马乱，军阀混战，民不聊生。一介文人朱自清，携儿带女，生活极为窘迫，吃饭都成了问题。可面对美国救济粮，他却拍案而起，发出了：“饿死不吃救济粮”的铮铮誓言。就是这位“威武不能屈、富贵不能淫”的斗士，写出了脍炙人口的《荷塘月色》：“路上只有我一个人，背着手踱着。这一片天地好像是我的，我也像超出了平常的自己，到了另一个世界。”

“我爱热闹，也爱冷静；爱群居，也爱独处。”

“像今晚上，一个人在这苍茫的月下，什么都可以想，什么都可以不想，便觉是个自由的人。”

这就是独处的妙处。“人生不如意十之八九”，但在失意中不失人格，不失风骨，极为难得。能在失意中满怀希望，摆脱现实烦恼，去追求内心的安宁、心境的平和，更为难得。

【分析】

朱自清在生活极为窘迫，吃饭都成了问题的情况下，还要发出了：“饿死不吃救济粮”的铮铮誓言。其目的就是在赞扬和崇尚平和、宽容、豁达的性格（图6）。

认知：

理解：

做件什么事	怎么做的	做中的感悟

准备：

学会做：

本章复盘

◎ 小问题

回答下面的问题，帮助你理解对孩子的兴趣培养在家庭教育中的必要性。

1.对孩子的兴趣培养的目的是什么？

2.对孩子的兴趣培养首先要做到什么？

3.对孩子的兴趣培养的步骤是什么？

4.对孩子的兴趣培养有哪些要注意的环节？

5.对孩子的兴趣培养有什么效果和表现？

6.对孩子的兴趣培养和掌握知识应该如何区别？

7.对孩子的兴趣培养的方式不同，效果有什么不一样？

8.对孩子的兴趣培养的问题有哪些？

如何做更好的父母

◎收起你的懦弱，摆出你的姿态，培养孩子的兴趣，不要打击孩子的积极性！

◎就算周边的人（含家庭成员）都否定孩子，你也要相信孩子，不要管别人的看法。

◎孩子的能力是通过对孩子的兴趣培养出来的，要相信，世上本没有做不到的事，只有不做，才适得其反。

◎不管孩子如何，都可能不被欣赏，总有人认为他不够好，不管别人怎么看，你都不能不注意培养孩子的良好习惯！

“管理好自己”思考题

【反向思维】

◎对孩子的兴趣培养没有用，孩子就是不愿意学习！

◎对孩子的兴趣培养到位了，孩子还是不好好学！

◎我对孩子的兴趣培养，道不同不相为谋！

◎对孩子的兴趣培养不到位，反而被别人瞧不起！

【正向思维】

◎对孩子的兴趣培养之后，家庭和睦了！

◎对孩子的兴趣培养之后，孩子的能力提高了！

◎对孩子的兴趣培养之后，父母与孩子相处更融洽了！

◎对孩子的兴趣培养之后，与孩子的误会没有了！

与心对话

每日一问：

家庭生活中总有一些磕磕绊绊的冲突点，很多事情都需要对孩子的兴趣培养，你面对这些问题是怎么解决的？你身边的家庭又是怎么处理的？

请将在家里看到的记录下来：

陶行知说：人像树木一样，要使他们尽量长上去，不能勉强都长得一样高，应当是：立脚点上求平等，于出头处谋自由。你的教鞭下有瓦特，你的冷眼里有牛顿，你的讥笑中有爱迪生。你别忙着把他们赶跑。你可不要等到坐火轮、点电灯、学微积分，才认识他们是你当年的小学生。

“淘气”的孩子有智慧

- “淘气”是孩子的智慧在作用
- “淘气”不等于“粗鲁、野蛮”
- 要正确引导孩子的“淘气”
- “顶嘴”是智慧火花的“燃烧”
- 让“顶嘴”促使父母与孩子都进步

“淘气”是孩子的智慧在作用

中国有句俗话：“淘气”的孩子是个“宝”，“淘气”的男孩好，“淘气”的女孩巧。

孩子之所以“淘气”，是因为他（她）们聪明过人。

面对孩子的淘气，父母一定要正确对待，千万不要为了让孩子“听话”，而毁灭了孩子“淘气”的聪明和才智。

孩子为什么要“淘气”？为什么要“顽皮”？为什么“不听话”？

生活中大部分“淘气”和“不听话”的孩子是因为有自己的想法，或者是对现状不满。

孩子们“顽皮”时往往做出了一些与众不同的事，还有的孩子做出了前所未有的事，敢和前人挑战等。这不正说明他们聪明、有勇气、有见解吗?

我们不妨把“淘气”的特征组合一下：

“有思想，对现实不满”“聪明、有勇气、敢和前人挑战”“有自己的见解，有错吗？”

况且，“有思想、聪明、有勇气、敢于挑战、有自己的见解的人”不正是未来社会所急需的创新、创造型人才吗?

所以，我们建议父母要认真对待孩子的淘气，面对孩子的淘气我们一定要认真分析一下：孩子为什么“淘气”？

1. 好奇心引发孩子“淘气”

“淘气”的孩子性格特征表现为：活泼、好动、好奇。

幼小就“淘气”的孩子，由于知识贫乏，许多事物对他们来说，都充满神奇和奥秘。

在好奇心的驱使下，孩子渴望了解更多的事物，也希望自己能摸摸试试，往往成人越不让看，越不让做的事情，孩子偏偏要看、要做，此时，孩子由于幼小无知，很可能把东西搞坏或把事情做错，有些人就认为这是孩子“淘气”。

试想：孩子对不了解的事情感到好奇，是一件多么好的事，这正是一种探索、一种学习。如果得到的却是父母的斥责或打击，他们的求知欲望是否被泯灭？正在萌发的自信心是否遭到扼杀？

父母面对孩子的淘气，一要向孩子介绍新接触到的事物的简单知识，满足孩子的好奇心和求知欲；二要耐心讲道理，帮助孩子“淘气”，并要求孩子不要影响学习或损坏东西。这样，既能满足孩子的好奇心，又能使他获得新知识，逐步形成好的行为。

2. 想引人的注意而故意“淘气”

有些孩子表现欲极强，喜欢引起父母的注意，如有的孩子目的是希望得到表扬，却常常做出了父母不欢迎的事情来，变成了“淘气”的行为。对于这样的孩子，父母应该放下正在干的事情，去关心他，倾听他的要求，然后对他进行合情合理的教育，让孩子知道父母是关心他的，使他达到心理上的平衡和安慰，保持正确的心态，对这一类孩子，父母平时要多注意观察其行动，尽量做到防患于未然，遇事力求在事先打“预防针”，让他知道父母对他是关心和注意的，避免“淘气”的行为演变为“破坏行为”。

3. 因精力过剩而“淘气”

随着孩子年龄的增长，各种能力也不断提高，如果父母所能提供的活动环境和条件不能满足孩子需要，他们过剩的精力无处使用，也会产生“淘气”行为。对于精力过剩的孩子，父母应给孩子创造一些条件和机会，提高孩子动手动脑的能力，培养其良好的意志力和品德，让其过剩的精力有用武之地。

父母指导孩子的游戏活动很重要。不要小看了孩子的玩，孩子的玩需要父母的指导和适度参与，父母如果只是给孩子买了一大堆的玩具，却不教给孩子怎么玩，或者父母根本就没有玩过孩子的玩具，那么孩子就很难从他的玩具中得到更多的“智力营养”。也许他只会把积木杂乱无章地堆在一起，把球盲目地扔来扔去，别的孩子玩游戏时他往往就会充当一个破坏者的角色，根本坐不下来耐心地和小朋友一起玩，常常一点儿也闲不住，有时候谁也不知他在忙什么，甚至突然上蹿下跳，大嚷大叫，消耗他过剩的精力。

这样孩子也就很难从游戏中获得更多的乐趣，反而会成为一个讨人嫌的“小闹将”，久而久之，不仅对孩子的智力发展有影响，也会影响孩子良好性格的形成。

4. 有意识地“淘气”

有的孩子喜欢有意识地用“淘气”来发泄自己的不满。

对有意识“淘气”的孩子，父母可采取“冷处理”的方法，既不要打骂，也不要训斥，等到事情平息以后，再指出他的不良行为，并给予纠正。也可以用“自然后果”法惩罚一下，让他感觉到自己的行为给自己带来的后果，使其牢记教训，下决心改正错误。

这种淘气一般出现在年龄偏大的孩子身上，3岁前不常见。

总之，对待孩子的“淘气”，父母既不能简单粗暴，也不能放任不管，应该因势利导，循循善诱。

在日常生活中，不少父母看到孩子淘气就会加以阻止，还经常教训孩子说：“不许淘气，淘气就不是好孩子。”

这种方法评判孩子，即只看听话或不听话是不合适，是不科学的。

“孩子为什么会淘气？因为他们的好奇心。”

在成人看来司空见惯的事情，在孩子眼里可能充满了吸引力，因为他想一个一个地弄清楚。在好奇心的驱使下，孩子渴望了解更多的事物，也希望自己能摸摸试试，往往大人越不让做的事情，孩子偏偏要做，孩子的这种行为很可能被父母视为“淘气”。

事实上，这种淘气是建立在探索求知欲望上的行动，并不是坏事。

还有些父母面对这种“淘气”的孩子，常常使用一些不当的手段，这就扼杀了孩子的天赋。比如：

“你这孩子怎么又不听话啦？”

“宝宝听话，妈妈买一辆大玩具汽车给你。”

“你什么时候才听话，让老爸省点心！”

“你这孩子为什么这么犟，听话好不好？”

“听话的孩子是乖宝宝、好宝宝、大人喜欢的宝宝。”

这是日常生活中经常听到父母对孩子说的话。

一些父母还为自己的孩子“听话”而感到自豪，比如：

“我家宝宝真乖，从不惹大人生气。”

“听话宝宝”“乖宝宝”似乎已经成了父母评判“好孩子”的标准。

一位承受很大工作压力的女性在谈到父母对她的教育时说：“小时候，姥姥看护我，妈妈上班前总是反复叮嘱，听姥姥的话。下班后也常问我，听话了没有？

“3岁上幼儿园，妈妈每天早晨送我，临走时总是一句话：‘听阿姨的话’。

“上小学时，每天我都听老师的话，上课要认真听讲，上了中学依然如故。

“后来工作了，也常被叮嘱要听领导的话，看领导脸色办事。

“好像在我的记忆中，‘听话’二字是妈妈对我讲得次数最多的。”

我们的父母总是教育小孩从小要“听话”，不要“淘气”。结果，孩子不是“独立性差”，就是“胆小怕事”“缺乏社交能力”。

在智能时代已经到来的今天，这种教育观念显然已经落伍，不能适应新时代对人才的要求了。

“听话”的孩子不一定是好孩子，“淘气”的孩子也不等于是坏孩子。俗话说：“淘气的男孩好，淘气的女孩巧。”

只要我们仔细观察就会发现：“听话”的孩子是有问题的孩子。

为什么说“听话”的孩子是有问题的孩子呢?

“听话”的孩子，常见的特点是：由于从小就接受了“听话”的教育，对父母产生了一种依赖心理，甚至养成了习惯，遇到问题总依赖别人，自己不喜欢动脑筋，别人说什么就是什么，不敢与别人辩论。

“听话”的孩子，由于长期受“听话”的教育，走向社会，很难表现出自己的“个性”和“独立性”，遇事没有自己的主见，尤其是对于“邪恶”也失去了反抗的能力。久而久之，孩子的性格就会扭曲，心理也不健全，这不成了“问题孩子”吗?

让我们感到遗憾的是：这样的一个典型的问题至今并未引起人们足够的认知，还有一大部分父母并没有把“听话的孩子”看作“问题孩子”，并且在“听话教育”的路上越走越远。

世界著名的物理学家杨振宁教授在回答“淘气、好玩的孩子好不好？”这个问题时很幽默地说：“我的回答很简单，我觉得很好。也许淘气的孩子会做一些打破东西的事，但从长远看没有特别的重要性。”

“乖乖听话”这个观念在教育学中不被认为是一种教育孩子的好话。

许多成功人士的家庭常出现这样的现象，父母常问孩子：“这个事怎么办？”“这个问题怎么解决？”等一类的话，孩子的回答有正确的，也有错误的。父母对孩子正确的意见，常常给予鼓励，错误的意见也给予认真的分析、帮助和总结。

根据调查，在社会上能够有所作为的人士，小时候几乎都是“不听话”的孩子，有的还非常调皮，后来都有了很大的成功。

正因为他们不是“听话的孩子”，才胆大，念小学、读中学、上大学，还有的中学毕业或者肄业便走上了自己创业的路，后来成了大老板。

一些父母遇到“不听话的孩子”就烦恼，孩子“调皮捣蛋”时不知道该不该管，也有的想管又不知道怎样管。

“淘气是孩子的天性”，如父母一味地训斥，就等于扼杀了孩子的潜能，如果对这种潜能进行科学引导，即可激活孩子的想象力、创造力、实践力。

【案例1】

薛女士10岁的儿子小雷（化名）转学还不到一学期，跟过去比好像换了个人。

以往由于喜欢做小动作，小雷没少挨老师的批评，后来，看到老师就害怕，不得不转学。

到了新学校后，小雷在上课时又忍不住做起了小动作，被老师发现了。

新老师并没有批评他，只是微笑着轻轻拍了一下他的背，便继续上课了。

以后，每次新老师走过小雷身边，如果小雷没做小动作，老师就会对他微笑并点头表示赞许。

很快，小雷自信心大增，改掉了坏习惯，爱上了学习。

【分析】

孩子的情感不稳定性以及不善于控制的特点很突出，如果依据其他孩子的标准，要求和评价小雷，小雷的缺点就很难纠正，新老师分析了小雷的心理特征，当小雷再次做小动作时，“只是微笑着轻轻拍了一下”，问题解决了，这就是抓住孩子的心理特点，“适当给予引导”的作用。

这位新老师正是认识到了这一点，并机智地运用这个特点来引导小雷，既纠正了小雷的缺点，又没伤害他的自尊心，对孩子的健康成长起到了重要的作用。

【案例2】

19世纪末，美国西部有个“怪孩子”，常把石头扔向邻居的窗户、把死兔装进桶里放到学校的火炉里烧烤，弄得到处臭气熏天。

9岁那年，他父亲娶了继母，父亲对继母说：“你要注意这孩子，他在我们这里表现最坏，常让我防不胜防。”

继母好奇地走进孩子，对孩子进行了全面了解后，对丈夫说：“你错了，亲爱的，他不是最坏的孩子，而是最聪明的孩子，只是我们还没有找到发挥他聪明才智的地方罢了。”继母很欣赏这个孩子，在她的正确引导下，孩子很快走上了正路，后来成为美国著名的企业家和思想家——戴尔·卡耐基。

【分析】

这个故事给我们以下启示。

第一，教育孩子要平等公正，尊重、理解、信任孩子，孩子就会主动接受教育。

第二，一分为二地看待孩子的错误，找出教育的切入点，对孩子的教育就会更有效。

第三，给“调皮的孩子”以高尚的教育——爱，转变并不难，使他们成为栋梁之材也是可以做到的。

认知：

理解：

做件什么事	怎么做的	做中的感悟

准备：

学会做：

“淘气”不等于“粗鲁、野蛮”

父母不应阻止孩子的“淘气”，要区别粗鲁、野蛮、没修养与淘气的关系。

父母要珍惜孩子的“淘气”，宽容孩子在“淘气”中的小小破坏，给孩子提供宽松、安全、合理的“淘气”环境，在“淘气”中不断培养孩子动手、动脑的能力。

在孩子“淘气”时，要特别注意观察、培养孩子的沟通协调能力，有意识地抓住孩子“淘气”时的每一个细节，让孩子在“淘气”中得到锻炼，要不断地积累“淘气”中的经验和教训。比如，孩子在“淘气”时，将家里的家具破坏了，父母就要鼓励孩子动脑筋将家具修好；如果孩子在“淘气”时，将电视机、电冰箱、电脑损坏或者拆了，父母如能鼓励孩子再将电视机、电冰箱、电脑组装起来，孩子不是又学会了新的技能吗？总之，让孩子在“淘气”中，总结经验、接受教训、动脑筋去做他们喜欢做的事，是非常难得的培养孩子各种能力的机会，父母应抓住这样的机会，培养孩子的能力。

此外，父母还应注意引导孩子进行思维训练。比如，和孩子玩一些有创意的绘画游戏、益智游戏，引导孩子反复琢磨，激发孩子的想象力和创造力。

【案例1】

有一天，汪小有一支绿色铅笔不见了，找啊找，偶然发现了王红正好也有一支和他一模一样的铅笔，就盲目断定是王红拿走了他的铅笔。

王红说："这就是我的铅笔。"于是他们争吵了起来。

最后，王红说："这支铅笔是我爸在美国时给我买的，质量很好。"汪小知道自己误会王红了，就说了声"对不起"继续找了起来。

最后，在他课桌肚里找到了那支铅笔。

【分析】

这个故事让我们明白：看问题不能仅看表面，要看实质，王红的铅笔是不是汪小的，不能只看外表，要把问题搞明白再下定论。

【案例2】

电影《克莱默夫妇》里有这样一幕场景：

孩子比利因为爸爸忙工作顾不上理他很伤心，感觉受到了伤害，偏偏他又把一杯饮料洒在了爸爸正在做的文件上，而爸爸必须在限期之前完成工作，于是爸爸十分生气，羞辱了比利，这些话让比利觉得自己很没有价值，对爸爸说出了"我恨你"的话。

【分析】

虽然孩子的确淘气，但成人更应该控制好自己的情绪，引导孩子，给孩子树立一个榜样。

认知：

理解：

做件什么事	怎么做的	做中的感悟

准备：

学会做：

要正确引导孩子的“淘气”

1. 和孩子一起“淘气”

有的孩子精力过剩，总是停不下来，偶尔做出一些“淘气”的事。对这样的孩子，父母应该给其创造一些条件和机会，比如：和孩子一起玩乐高，一起玩遥控车，这样不但能让孩子的剩余精力得以发挥，还能同时锻炼孩子的动手能力和增进亲子感情。

有的孩子会因为想要引起爸妈注意而“淘气”，对这样的孩子，父母应多关心、多陪伴，多听听孩子的想法。

2. 巧妙引导

发掘淘气孩子的潜能，父母起到很关键的作用，合理引导孩子正确地探索周围的事物，比如：试着把孩子爱玩的东西变成可以用来学习的东西。

3. 树立安全意识

父母应提前告知孩子一些注意事项，比如：不可以碰触电线、插座等带电的东西；不可以在窗户边玩耍；不可以玩火；不可以爬阳台；不可以给陌生人开门等。同时，父母要时常告诉孩子自我保护的方法：如让年幼的孩子了解交通规则、认识红绿灯、认识斑马线；学会拨打紧急呼叫电话；如果在公众场合走失，要找警察叔叔，不能轻易和陌生人走。在保证孩子安全的前提下，让孩子淘气的天性得到尽兴的发挥。

4.“淘气”要“淘”出质量

很多孩子的创造力正是来源于生活中的“淘气”行为。这些行为标志着孩子能解决一些问题，并能用其奇妙独特的方式探索世界。

根据孩子的不同成长阶段，父母可以鼓励孩子适当地“淘气”，要求他们要“淘”出质量，“淘”出创新、创造以及对更多新事物的探索。

【案例1】

戴小桥和他的哥们儿成立了“特务足球赛”。这是一帮爱踢球的小男孩，踢起球来可有创意了。他们一路踢，一路为这样、那样的事情争论不休。

踢到一半，马儿帅嚷着要转会到林晓琪一方了，林晓琪不愿意，杜家严说：“不许转会，转会我就不踢了”。林晓琪只好同意，因为球是杜家严带来的。

可是，刚转会过来的马儿帅，却连踢进自家大门两个“乌龙球”，大家这才明白：原来马儿帅是一个“足球特务”。

【分析】

看孩子们的游戏多么有创意啊！“特务足球赛”，什么事情都能连起来，“特务”本来是军事用语，他们竟然用到“体育游戏”中来了，并且，以“乌龙球”而宣告胜利。

这就是孩子的发明，大人可能连想都不敢想。

【案例2】

妈妈带憨豆回婆家，不少亲戚都觉得她实在太宠孩子。

回到爷爷、奶奶家，憨豆为了看鸡和鸭，竟然将鸡追赶到隔壁人家去了，而那些鸡和鸭受到惊吓，将人家院子弄得乱糟糟的。

在这种情况下，妈妈只是提醒憨豆："小心，那只母鸡生气了可能会来啄你！"

公婆家外面有一户人家正在盖房子，门前堆了一大堆沙子，还有铁锹和锄头很随意地扔在沙堆边。

妈妈和憨豆都高兴起来，这是多么现成又有趣的"玩具"呀！

憨豆开始用铁锹铲沙子，妈妈发现憨豆虽然瘦矮，但力气并不小，竟然把铁锹抡起来，还铲起了一些沙。

玩罢铁锹，又玩锄头，后来干脆就把这些全部扔下，用手抓沙子玩……

这家女主人连连摇头："这么脏的沙子，怎么能玩呢？"

【分析】

"玩"是孩子的天性，孩子对生活的兴趣，很多是"玩"出来的，对孩子来说：没有了"玩"，就失去了一切的兴趣。

憨豆来到爷爷家，先对鸡、鸭产生了兴趣，后来又对"用铁锹铲沙子"产生了兴趣，而且"玩"得不亦乐乎。我们让孩子读多少书，才能产生这样浓厚的兴趣呢？

认知：

理解：

做件什么事	怎么做的	做中的感悟

准备：

学会做：

“顶嘴”是智慧火花的“燃烧”

心理学家认为：“能够同父母进行争辩的孩子，在以后会比较自信，会有新的创新、创造和发明。”

父母在管教孩子时经常遇到孩子因不服气而顶嘴的情况。例如，一位妈妈抱怨说：“最近我女儿特别爱‘顶嘴’，从学校回家的路上，我们玩了一会儿。我对她说‘咱们回家吧’，可她非不干，还反问我‘为什么我非要听你的，而你就不能听我的？’女儿特别喜欢小动物，总想养一只小狗，我说：‘小狗身上有细菌。’她说：‘你说得不对！电视里说过，小朋友和小动物多接触，不仅可以提高抵抗力，还可以增强对生活、对大自然的热爱呢！’”

每当这个时候我都很着急，不知道该怎么对待孩子。

我们分析一下这母女俩的对话：

到公园本来就是玩的，可刚玩了一会儿，母亲就说：“咱们回家吧。”天真无邪的孩子，好不容易挤出了时间到公园玩，还没尽兴，妈妈便要回家，多扫兴啊！

女儿说：“为什么我非要听你的，而你就不能听我的？”孩子的话没有错啊？到公园本来就是玩的，不尽兴怎么能说回就回呢？

女儿喜欢小动物，母亲不让和狗玩，还说狗身上有细菌。

女儿说："你说得不对，电视上说过小朋友和小动物多接触，不仅可以提高抵抗力，还可以增强对生活、对大自然的热爱呢！"这组对话多么精彩啊！

这哪是顶嘴啊，分明是在给妈妈上课！如果这个女儿因此受训、挨打，简直就是对女儿酷爱生活、热爱大自然态度的"扼杀"。

本来孩子让父母说几句就没事了，孩子一"顶嘴"，妈妈就急了，甚至把"说教"升级为"打骂"，多么残忍的扼杀啊！

生活中，父母的这种不分青红皂白，张嘴就骂，伸手就打的做法是十分错误的，假如你的孩子是"小牛顿""小爱因斯坦"也会被活活地"扼杀"。

聪明伶俐的孩子需要"爱"，调皮、捣蛋的孩子也需要"爱"，"爱"要会"爱"。

记得一位心理学家这样描述过："当孩子把身体和心灵交给你，你保证给他怎样的教育？今天一个欢欣又聪颖的小孩，多年以后你将把他变成一个怎样的青年？孩子会得到你的什么？你们将饮之以琼浆，灌之以醍醐，还是哺之以糟粕？你会使他变得'正直忠实'，还是学会'奸猾诡诈'？"

有一个孩子扑到父母的怀抱里求知若渴地说："亲爱的爸妈，我知道当我成了您的儿女时，您就成了我生命中的最重要的人，我一定能给您带来很多喜悦，也一定会给您带来一些'可爱的麻烦'，但我相信当我的生命与您的生命相遇时，您的尊重与信任将成为我生命中最坚实的阶梯，可是，我还不知道：在我成长的过程中您能给我什么？”

这种温情又犀利的表达，让父母感到自己不仅是儿女的长辈，更需要融入强大的责任心和爱心。

亲爱的爸爸妈妈，我们能否回忆一下：在孩子成长的过程中，我们究竟给了孩子什么？

有的爸妈可能顺口就说：“我给了他生命、衣食住行，还把他（她）养大。”

可是大家是否想过：就是这“衣食住行”使孩子“饭来张口”“衣来伸手”，就是这“把他（她）养大”，使孩子变得更加“懒惰”“懦弱”，失去了美好的前程。

如果我们能尽早地培养孩子：自己创造“衣食住行”的能力，孩子是否会更幸福？

如果我们能尽早地让孩子自己养自己，孩子成人后又会怎样？

只要我们留心就不难发现：孩子长到两三岁时，独立自主的欲望已经明显增强。他们开始意识到自己的存在，不愿处处被人压制，不满足于模仿成人，他们要求独立思考，独立行动。这时父母对孩子照顾过多，干涉过多，就会致使他们的反感。其突出表现就是：“不听话”“自行其是”“经常跟父母顶嘴”“令父母头疼”等。

孩子长到7—8岁时，和爸爸妈妈顶嘴的事就会多起来，到了11—12岁，孩子和爸爸妈妈顶嘴的事几乎天天发生。如果不能正确地认识和很好地解决孩子顶嘴的问题，父母在子女教育上就会增添更多的麻烦。

现在的孩子接受教育较早，看书、看报多，再加上互联网的迅猛发展，孩子的知识面远比父母宽得多，判断是非的能力也有所增强，要求独立的愿望也越来越强。

我们必须认识到：“顶嘴”是他们表达和判断是非的一种特定方式，也是孩子成长的必然。

特别要注意的是：孩子追求独立性，加强自己判断是非的能力，与孩子的“不良品行”是不能相提并论的。

孩子表达自己的判断，不可能像大人那样圆滑和委婉。

所以，当孩子“顶嘴”时，父母要意识到：孩子顶嘴是一种独立思考、大胆创新、敢于表达自己的见解的优点，可以说是孩子聪明和智慧的火花在闪现！

一定要把孩子“顶嘴”和“不礼貌，不尊敬长辈”区别开来。

当孩子顶嘴时，父母首先要反思自己是否真的说、做错了什么。孩子“顶”得有没有道理，像上述“公园里的母亲”一样：明明是自己错了，还埋怨孩子，就是一种错误的引导。

事实上，孩子“顶嘴”就是孩子有“智慧”的表现，如果父母不分青红皂白，把孩子大骂一顿，岂不是扼杀了孩子的智慧吗？

所以，我们绝不能把孩子“顶嘴”和“不礼貌，不尊敬长辈”相提并论。

【案例1】

一天晚上，妈妈从厨房里走出来，看见3岁多的女儿把一条大浴巾铺在地板上，自己踩在上面跳来跳去。

妈妈心想：“这条浴巾是我今天刚洗好收回来的，她竟然……”于是，又急又气，就要呵斥女儿。

没想到女儿却一脸兴奋地说：“妈妈，你看，我正在云朵上面跳舞呢！”

妈妈看着女儿兴奋发红的小脸，突然间没有了要呵斥的念头，坐下来欣赏起女儿的舞姿。

女儿一会儿跳跃，一会儿转圈，一会儿躺到大浴巾上打滚。那一脸陶醉的样子，仿佛自己真的置身于云朵之上，在美丽的天空中自由挥洒。

女儿跳了好一会儿，才停下来，爬到妈妈怀里。妈妈不禁感叹说：“女儿的表演，让我欣赏到美丽的云端。女儿从此对跳舞产生了浓厚的兴趣，后来，还成了著名的舞蹈家。”

【分析】

保护孩子对生活方方面面的兴趣，是父母的职责，孩子的兴趣在生活中随时随地都可能产生，“把一条大浴巾铺在地板上，自己踩在上面跳来跳去”本来是一个破坏的行为，妈妈却从女儿对舞蹈产生兴趣的角度看，不但没有批评和制止，反而，还给予了欣赏，对孩子的成长是十分关键的鼓励。

【案例2】

5岁正是孩子顽皮的年龄，一段时间里，女儿对电脑的主机着了迷，经常在妈妈工作的时候过来按一下主机按钮，有时直接导致妈妈的工作前功尽弃。

有一次，妈妈在草拟一个很重要的文件，眼看着就要完成了，女儿过来就给“关”了机。

当时，妈妈只是站起身，穿好衣服，装作出门的样子，对女儿说：“妈妈没法在家工作了，我要去办公室了。”

女儿一看妈妈要走，很是失望，于是，抱着妈妈的腿不让走，并对妈妈说：“我只是对电脑为什么会打字、还可以看游戏好奇。”妈妈告诉女儿：“这是科学，你可以现在多观察，长大了，学习一些计算机知识，就会明白了。”

女儿明白了，后来妈妈再写东西的时候，女儿再也不来按主机按钮了。

【分析】

女儿“导致妈妈的工作前功尽弃”的行为，妈妈并没有严厉制止，只是慢慢引导女儿，并且为女儿指明了学习的方法和努力的方向。

认知：

理解：

做件什么事	怎么做的	做中的感悟

准备：

学会做：

让“顶嘴”促使父母和孩子都进步

孩子与父母争辩(俗称“顶嘴”)，不要怕丢了父母的面子，不要担心孩子不听话，不尊重你，让你难堪或者是为难。孩子也是讲道理的，你与孩子争辩，孩子觉得你讲道理，会打心眼里更加爱你、尊重你、信赖你。你要孩子做的事，他通过争辩弄明白了，就会心悦诚服地去做。

如果一个孩子从不与人争辩，总是与世无争，那么他的勇气、进取心、正义感就无从谈起。

目前，“听话”已经成了父母对子女教育的口头禅。

父母错误地认为听话的孩子就是好孩子，这是传统教育给予人们的一种共识，“听话”成了父母对孩子使用频率最高的两个字。

孩子小的时候，自理能力差，让孩子按大人的意愿去活动，避免出现危险，无疑是正确的。但是，随着孩子逐渐长大，自我意识逐渐加强，就不能总用“听话”两个字去教育孩子。如果父母总是用“听话”两个字去教育孩子，势必在孩子的幼小心灵里灌输一种观念：大人的话、父母的话、教师的话、书上的话都是绝对正确的，孩子就会对其产生依赖性，而失去了创新创造力。在人才培养上，“听话”限制了孩子的创新精神和独立自主的生存能力，严重影响了孩子的发展，使孩子的个性和性格唯唯诺诺，走向社会就将一事无成。

试想：一个孩子处处、事事都按父母的话、教师的话、书上的话去做，没有自己观察认识生活、认识科学、思考问题的心理空间，孩子怎么能有创新意识和创新能力呢？没有创新、没有创造，孩子怎么进步、社会怎么发展？

所以，父母应该允许孩子争辩，不要介意孩子“顶嘴”，由彻底不准孩子“顶嘴”，转变为正确面对和处理孩子的“顶嘴”。

不过，在处理孩子‘顶嘴’的问题时，要特别注意以下几点。

第一，正确的要给予鼓励，错误的要指明原因，说服孩子。

第二，不能让“顶嘴”成为孩子的习惯，如果养成习惯不利于孩子的学习和成长，会影响孩子成人后的人际关系。

第三，对于孩子的顶嘴，“要从父母自身做起”。即家庭要民主，要解放孩子，给孩子自由发展的空间。

要建立和谐的家庭氛围，正确对待孩子的“顶嘴”。

如果家庭成员彼此间缺乏尊重，动辄脏话满嘴，或者互相说些“抬杠”的话，孩子一旦具备了一定理智水平，就会从心底里不尊敬父母，和父母“顶嘴”就会成为“家常便饭”。

所以，家庭成员之间要相亲相爱，互相关怀，使家庭环绕在和睦、互助、自由、快乐的气氛之中。让孩子敢于大胆地反驳父母的错误观点，父母如能正确对待，即使家庭中存在分歧，也会迎刃而解，各种问题都会通过协商解决，家庭会更加和睦。

1. 要尊重孩子独立的愿望

父母要放手让孩子自己去干、去做、去想，尽可能为孩子提供活动机会，创造活动环境。不要一味地要求孩子按照成人的模式行动，当孩子有了一个与众不同的设想，做了一件从来未做过的事，应积极支持，及时赞许。

2. 要引导孩子说理，为自己申辩

“人无完人，事无完事。”为人父母也不可能完全都是正确的，有时所持观点本身就是错误的，或者有的父母可能就是一时糊涂，固执地要求孩子按照自己要求的去做而不顾及孩子的感受，孩子顺从就会感到委屈。让孩子能大胆地提出正确的反驳意见，对父母、对家庭都是一种贡献、一种爱。

家庭要发扬民主，给孩子更多的发言权，要允许孩子申辩，鼓励孩子申辩。

父母批评孩子，应该允许孩子有反驳的权力。这样做的好处是：让孩子感到无论做什么，有理就能站住脚，这样就会更有利于孩子个性的发展。

3. 要让孩子学会尊重

父母要教育孩子尊重长辈，启发孩子对别人的意见要多动脑筋，认真考虑后再讲话，以培养稳重、忠实、善于克制的良好的性格。

4. 要注重与孩子的精神交流

每个孩子都渴望得到成人的理解，父母应学会经常听听孩子的意见，努力理解他们的感受，并用“我想”来表达自己的意见和评价，使孩子感到父母的温存、抚爱，从而乐于接受父母的意见。

5. 对孩子不能简单粗暴

父母教育孩子时，不要用命令的方式，应以友善的态度启迪孩子，避免枯燥地说教。如果父母在教育方式上，只凭一时的喜怒赞扬或批评孩子，或只是发号施令、训斥孩子，孩子一时会被父母的威风吓住，稍大一些，则不会继续顺从。不要求孩子立刻听从父母所说的每一句话，要给他们适当留有思考及情绪准备的时间，以免引发孩子的“逆反心理”和对抗情绪。

6. 批评、教育孩子时切忌唠叨

父母对孩子的不当言行，有必要提醒和忠告，乃至严肃地批评，但必须言简意赅，切忌一味重复，喋喋不休。说话是一门艺术，父母教育孩子更要结合孩子注意力集中时间短、对道理的领悟能力较弱等特点，有的放矢，才能收到事半功倍的效果。

有的父母缺乏这方面的知识，说话抓不住重点，反反复复唠唠叨叨，让孩子十分厌烦，这也是引起孩子“顶嘴”的原因之一。

【案例1】

张师傅和外孙女之间发生过这样的事情：一天晚上，外孙女突然要去拿装着奶粉的盒子，张师傅怕奶粉撒出来，不让她拿，但她很坚定地说：“不行。”

几分钟后，果然外孙女把奶粉撒在了桌子和地板上，并胆怯地看着张师傅，当时张师傅很想发火，但抑制了冲动，对外孙女说：“现在你把这里收拾干净。”

张师傅问她：“为什么自己做不了，还要自己做？”外孙女小声说：“我想自己练习做。”

【分析】

孩子在长辈面前可以说“不”。长辈却在生活中经常忽视或不能容忍孩子说“不”。其实，孩子说“不”时都有自己的理由。

【案例2】

爱迪生8岁那年上学了。他不仅没有表现出特别的才能，反而常常会使老师深感不快。

有一次上算术课，老师在讲解数学题，爱迪生突然向老师发问：“老师：2加2为什么等于4？”老师觉得爱迪生又笨又调皮，他反问道：“不等于4难道等于5？”

爱迪生很想弄明白数字的奥秘，他想了又想，忍不住又问老师：“2加2为什么不可以等于5呢？”

老师大为恼火，厉声训斥道：“爱迪生，你故意搗乱，给我滚出去！”

爱迪生遭到责骂，委屈地奔出教室。

回家后爱迪生告诉妈妈说：“妈妈，我想要知道加法的道理，可老师却骂我。”

妈妈听了儿子的叙述很生气，她到学校问老师：“先生，你作为一个教师太不了解学生的心理。”

老师说：“我只管教书，不管什么学生的心理。”

爱迪生母亲说：“你这样教孩子，孩子怎么学得好？”这位老师带着爱迪生来到一位有名的医生那里，请他检查一下爱迪生的头脑（因为爱迪生的脑袋是扁的），医生检查后说：“里面的脑子坏了。”

老师告诉爱迪生母亲：“你的孩子又笨又调皮，不管我怎么教，他都学不会。我不愿意教这样的学生。”

于是，爱迪生离开了这所学校，开始由妈妈教他读书。

爱迪生母亲曾经当过小学老师，是个知书达理的人。她给儿子讲文学、历史，讲许许多多科学知识。当同龄的孩子还在读童话的时候，爱迪生已开始阅读《英国史》《大英百科全书》等大部著作。在母亲的辛勤栽培下，爱迪生的求知欲越来越强，他一边读书，一边在地窖里建起了一个小实验室。

虽然家境贫寒，他没能像其他孩子一样接受系统的正规教育，但是，母亲已在他幼小的心田里播下了科学的种子。

后来，经过长期刻苦钻研，他终于成为世界著名的大发明家，一生为人类贡献了一千多项发明。

【分析】

爱迪生，一个举世闻名的“天才”，如果没有母亲这样正确的家庭教育方法，幼小时就很有可能被这样“只管教书，不管什么学生的心理”的教师所扼杀。

爱迪生伟大，爱迪生的母亲更伟大（图7）。

认知：

理解：

做件什么事	怎么做的	做中的感悟

准备：

学会做：

本章复盘

◎ 小问题

回答下面的问题，帮助你理解孩子的“淘气”。

1.孩子“淘气”的目的是什么？

2.对孩子的“淘气”，你首先要做到什么？

3.分析孩子“淘气”的步骤是什么？

4.遏制孩子“淘气”有哪些要注意的环节？

5.遏制孩子“淘气”有什么效果和表现？

6.孩子“淘气”和掌握知识应该如何区别？

7.对遏制孩子“淘气”的方式不同，效果有什么不一样？

8.遏制孩子“淘气”的问题有哪些？

做更好的父母

◎收起你的懦弱，摆出你的姿态，正确面对孩子的“淘气”，不要打击孩子的积极性！

◎孩子“淘气”，周边的人（含家庭成员）都否定孩子，你一定要相信孩子，不管别人怎么说。

◎孩子的能力是通过“淘气”培养出来的，要相信，世上本没有做不到的事，只有不做，才适得其反。

◎不管孩子如何，都可能不被欣赏，总有人认为他不够好，但是，不管别人怎么看，你都不能不正确面对孩子的“淘气”！

“管理好自己”思考题

【反向思维】

◎对孩子的“淘气”，遏制没有用！

◎对孩子的“淘气”分析到位了，孩子还是“淘气”！

◎我对孩子的“淘气”，我和他(她)道不同不相为谋！

◎对孩子的“淘气”分析不到位，反而被别人瞧不起！

【正向思维】

◎对孩子的“淘气”分析到位之后，家庭和睦了！

◎对孩子的“淘气”分析到位之后，孩子的能力提高了！

◎对孩子的“淘气”分析到位之后，父母与孩子相处更融洽了！

◎对孩子的“淘气”分析到位之后，与孩子的误会没有了！

与心对话

每日一问：

家庭生活中总有一些磕磕绊绊的冲突点，很多事情都需要对“淘气”分析到位，你面对这些问题是怎么解决的？你身边的家庭又是怎么处理的？

请将在家里看到的记录下来：

陶行知说：与其把学生当作天津鸭儿填入一些零碎知识，不如给他们几把钥匙，使他们可以自动地去开发文化金库和宇宙之宝藏。

Part 5

培养孩子正直的个性

- 何谓正直
- 要把握孩子的“个性”特征
- 营造和谐温馨的家庭氛围
- 确立符合孩子个性的生活规则
- 让适宜的环境促使孩子与人交往
- 要完善孩子的认知行为

何谓正直

说起“正直”，人们首先想到的一定是公正的品行与坦率的性格。不错，公正与坦率的确是“正直”的核心内涵，但这还不够。

其实，“正直”不但是一种品行，还是一种能力。作为一种品行，它要求人们言行一致，表里如一；作为一种能力，它是人们为达成一定的目的而采取的正确手段。

“正直”是一种对高尚道德的追求，是人们为人处世的先决条件，也是个人通向幸福彼岸的桥梁。

孩子一旦拥有“正直”的品行，就可以取信他人，不断地去拓展个人的生存空间，以实现人与人的真诚交往。

一个“正直”的人必然是一个心底无私的人，他在为人处世的过程中严格按照自己的良心去行动，即“心底无私天地宽”，成为一个处处受人欢迎的人，这种“正直”的心灵正是我们追求的幸福家庭最关键的要素。

“正直”意味着敢于追求真理，敢于和荒谬以及一切歪风邪气作斗争。

在日常生活中，言行相悖、表里不一，把一己私利作为取舍的唯一标准，这种人格与“正直”相去甚远，他们虽然可以在某时某地取得局部暂时的成功，但就其整个人生来说必然会一败涂地。

“正直”意味着名誉感，时刻检讨自己的行为。这里需要指出的是：名誉和声誉是两个容易混淆的概念。

声誉是指人的知名度，它有正面和负面之分；而名誉只是一种好的名声，只有正面意义，没有负面意义。

人们为了提高自己的知名度，可以进行恶意炒作，但他获得的不是人们的好评，而是臭名远扬；名誉则是靠自己的一言一行、一举一动不断积累起来的好名声，它以行动为依托，而不是作秀式的沽名钓誉。

“正直”意味着深深的内省和自觉自愿地服从。“正直”的人一定是一个有良知的人，也是一个严格按照自己道德标准行事的人。

世界上没有谁能迫使你按高标准要求自己，也没有谁能强迫你献身，同样，没有谁能勉强你服从自己的良知。无论如何，一个“正直”的人都会不断地检讨自己的行为，主动远离庸俗，见贤思齐。如因疏忽而做出有悖自己良心的事会深深地内疚，并不惜一切去纠正自己的错误。

【案例1】

一次，美国亨利食品加工公司总经理亨利·霍金士先生突然从化验单上发现：“公司生产的食品配方中起保鲜作用的添加剂有毒。”添加剂虽然量不大，但长期食用对人身体确实有害，如果这一消息公布出去，不仅会引起同行们的反对，还会直接影响公司声誉，导致公司面临破产倒闭的风险。

亨利·霍金士先生不想以欺骗的手段来赢得顾客。于是，他毅然向社会公布：“食品中的防腐剂有毒，对身体有害。”

不出所料，公司这一举动，掀起了一场轩然大波，尤其是那些从事食品加工的老板们联合起来，指责亨利公司别有用心，打击别人、抬高自己，并且一起抵制亨利公司的产品，于是，亨利公司滑向了破产倒闭的边缘。

这场“争论”持续了四年，霍金士先生在濒临倾家荡产之时，得到了当地政府的支持，公司的产品成了人们放心购买的热门货。

后来，亨利公司恢复了元气，规模扩大了两倍，霍金士先生也一举登上了美国食品加工行业第一把交椅。

【分析】

面对“同行们的反对，还会直接影响公司声誉，导致公司面临破产倒闭的风险”的压力，亨利公司依然向社会公布：“食品中的防腐剂有毒，对身体有害。”

“后来，亨利公司恢复了元气，规模扩大了两倍，霍金士先生也一举登上了美国食品加工行业第一把金交椅。”这就是“正直”的力量。

【案例2】

2010年，一家刚刚创办的网络公司突然迎来一个大客户，年轻的经理亲自接见了这位神秘的客户。客户手里拿着策划书，用探询的口气问年轻的经理：“请问，这个项目要多久才能完成？”年轻的经理脱口而出：“六个月。”此时，客户露出非常为难的表情：“四个月能完成吗？我可以多给你百分之五十的报酬。”经理不假思索地摇摇头：“对不起，我们做不到。”

在场的人都在想：完了，到嘴的一块肥肉就要泡汤了。可是，当人们还没有回味过来的时候，突然听见客户哈哈大笑起来，一边在合同书上签字，一边对经理说："对于你的诚实，我感到非常满意，你是一个诚实而稳重的人，我相信，在你的领导下，产品的质量一定会有保证的。"

原来，在当时的技术条件下，四个月完成这个项目是根本不可能的，年轻的经理并不是不在乎这张订单，而是一颗正直的心在提醒他：我们不能欺骗顾客。

两年后，该公司经理一跃成为"中国十大创业新锐"。一年后，又荣获"IT十大风云人物"称号。在短短的三年时间里，他把一个小小的网络公司变成了全球最大的中文搜索引擎公司。

直到今天，人们对他诚实的信誉依然津津乐道，他叫李彦宏，而他领导下的企业更是为人们所熟知的互联网公司——百度。

【分析】

"可以多给你百分之五十的报酬。"经理不假思索地摇摇头："对不起，我们做不到。""对于你的诚实，我感到非常满意"，可见是"诚实"在促使百度的事业蓬勃发展。

认知：

理解：

做件什么事	怎么做的	做中的感悟

准备：

学会做：

要把握孩子的“个性”特征

“个性”是一个人在思想、性格、质量、意志、情感、态度等方面不同于其他人的特质，这个特质表现就是他的言语方式、行为方式和情感方式等。

任何人都是有个性的，这是一种个性化的存在，个性化是人的存在方式。

简单来说，个性就是一个人的整体精神面貌，即具有一定倾向性的心理特征的总和，是一个人共性中所凸显出的一部分。常见的个性即生活倾向性的心理特征有四种。

1. 安逸型特征

以安逸为生活倾向的孩子随和、行为可预测，喜欢享受简单生活的快乐，会迅速掌握安逸的技巧。

父母要注意：如果对这类孩子过于宽容，会使他们认为生活很容易，而不去为未来的生活而艰苦地努力。因为他们追求的和父母怂恿的都是安逸的自由放任和娇纵的生活方式，很容易使孩子成为“被惯坏的孩子”，或者喜欢在家里捣乱的坏孩子。

面对安逸型的孩子，父母如果能让孩子们在家里参与制定限制条规、建立日常惯例、设立目标并且同其一起解决问题，即可弥补其不足。

2. 控制型特征

以控制为生活倾向的孩子擅长组织、领导，性格坚韧、果断，并且对规则和法律都很尊重。

父母要避免对这类孩子过于严格以及控制过多。对他们过度控制就会招致其反叛或抗拒，而无法提升学习成绩和生存技能。如果父母能认识到对其过度控制的危害，放手给孩子提供选择的技巧，启发孩子更多地参与决策，孩子的自主、自制就会更有效。

3. 取悦型特征

具有取悦型特征的孩子很善于帮助他人。对同学和朋友友善、体谅、互不侵犯。他们通常是“和事佬”，因为他们想让每个人都开心，善于妥协并且经常会自愿帮助别人，他们会主动捍卫弱者。当他们过于艰辛地去讨好他人而给自己造成负担时（并且当别人没有相应的回报时），他们可能会怨恨或沮丧。被讨好的人可能也会感到怨恨，因为别人期待他们应该为其做的事情而心存感激，并且希望他们做出回报。

父母要避免对这类孩子过多地指责。要注意提升孩子的自身素养，使之用自己的力量去帮助别人，而不是由父母来替代。

4. 力争优秀型特征

力争优秀型的孩子非常善于为他人树立榜样。他们往往能不断提升自己的优良品质，有一套“自我激励”的诀窍。

父母要注意：主动拜孩子为师，让孩子的行为不断地鞭策自己，切忌“完美地唠叨”，这样很容易让孩子觉得自己没有能力达到父母的高期望，以影响孩子的进步和父（母）子关系，父母要有耐心成为孩子最好的父母。

【案例1】

大学毕业后，小A到一家公司应聘会计，笔试通过后，接着便是面试。当小A走进面试考场时，坐在中间的一位主考官热情地向他走了过来，并握住他的手说：“年轻人，还记得我吗？”小A上下打量了一下这位主动跟他打招呼的主考官，记忆中好像并没有印象，于是他摇了摇头。

“就是那个下雨天，我的车子陷在泥水里，进退不得，是你帮我把车子推出了泥坑。当时我正要感谢你，可你一下子就不见了。今天好了，我们又见面了。”主考官对小A说着。

这时，另一位主考官走了过来，向他介绍说：“这就是我们的总经理。”

小A想：我并没有在雨中帮人推车啊，这位总经理一定认错人了。继而又想：如果顺着杆子往上爬，说我就是那个在雨中帮他推车的人，总经理一定会报答我，让我顺利地通过考试，从而轻易地谋得一个体面的职位。

在“顺杆上爬”和诚实面前，小A想了想诚实地面对总经理说：“不好意思，您可能是认错人了。”总经理毫不犹豫地说：“你的回答很正确，你被录取了。”

【分析】

小A在应聘中，遇到主考官将其认为帮助过他的人，以小A取悦的性格的特点，也是一个乐于帮助别人的人，以他这种高尚情操和人格的魅力，总经理讲的这样的事发生在他身上并不偶然，可小A想到自己并没有在雨中帮助人推车啊，这位总经理一定是认错人了，如果承认下来，可能会受到总经理的报答，还可谋到一个好职位。但在“顺杆上爬”和诚实面前，小A想了想诚实地面对总经理说：“不好意思，您可能是认错人了。”总经理毫不犹豫地说：“你的回答很正确，你被录取了。”总经理选择的是小A 的诚实。

【案例2】

一位朋友在逛百货商场的时候，突然看到进口处有一堆鞋子，上面放着“超级特价，只付一折即可穿回”的提示牌。她反复挑选，突然瞥见一双漂亮的红鞋，拿起来一看，简直不敢相信，原价70美元的鞋子，只要7美元。她试了试，觉得皮软质轻，实在是完美无瑕。她把鞋捧在胸前，然后赶快招呼服务小姐。服务小姐笑眯眯地走过来：“您好，您喜欢这双鞋？正好配您的红外套！”“谢谢。”紧接着那位服务小姐又说：“既然您这么中意，而且打算买了，我一定要跟您沟通一下，把真实的情况告诉您，请到旁边坐……”她领着这位中国朋友来到僻静处坐下，解释说：“非常抱歉！我们必须让您明白，它不是一双鞋，而是相同品质、相同尺寸、相同款式的两只鞋，您仔细比较一下，虽然颜色几乎一样，但还是有一些色差，我们也不知道是否以前卖鞋时，销售员或顾客弄错了，各拿一只，剩下的左右两只正好凑成一双。我们不能欺骗您，如果您现在知道了而放弃购买，您可以再选别的鞋子。”这段真挚的话语，让她非常感动，于是果断地把这双鞋子买下。

【分析】

时过多年，那双鞋仍是她的最爱，每当有人夸赞那双鞋颜色漂亮时，这位中国朋友都会不厌其烦地诉说一遍这个动人的故事。

认知：

理解：

做件什么事	怎么做的	做中的感悟

准备：

学会做：

营造和谐温馨的家庭氛围

营造和谐温馨的家庭环境是打造和谐家庭和培养孩子良好性格的必要条件，具体做法有角色界定法、价值观塑造法、任务导向法、人际交往法和和睦相处法。

1. 角色界定法

一个和谐家庭必须由各种不同却互补的成员组成，如年龄优势互补、个性优势互补、能力优势互补。

每个成员既承担一种功能，又承担一种角色，且都能找到适合自己的角色，充分发挥自己的个性和智力，把自己的事情办得更好。

2. 价值观塑造法

和谐家庭建设的首要任务是在家庭成员之间就价值观和某些原则达成共识，明确建立家庭建设的目标，明确家庭建设的价值观和指导方针，熟知家庭成员的任务、角色以及家庭管理规范等。

3. 任务导向法

任务导向法就是以既定的目标为核心，确定具体的行动准则和计划，并付诸行动。和谐的家庭会非常明确家庭中事情的轻重缓急，先做重要的事，再做紧急的事，最后做不重要的和不紧急的事。

4. 人际交往法

强调家庭成员之间的相互交流、沟通、合作，确保家庭成员以诚实的方式形成较高程度的理解与尊重，这种方法主要通过开展良好的交流、沟通来实现，其目的是通过交流来提高家庭的凝聚力。

5. 和睦相处法

家庭的每个成员都是家庭的主人翁，同呼吸、共命运，兴衰共担，荣辱与共。父母非常重视感情投入、推行亲情管理、营造和谐氛围。

认知：

理解：

做件什么事	怎么做的	做中的感悟

准备：

学会做：

确立符合孩子个性的生活规则

3岁以前是自控力中枢系统（眶额皮层）发育的关键时期，此时，自我意志系统必须建立起来。孩子需要了解一些最基本的生活规则。

很多父母认为：孩子他（她）还小，没有必要动用规矩，也没有必要给孩子设定太多的框架，一切顺其自然就好。这样的想法存在很大的误区，生活习惯和个人行为的养成都需要从小事做起，如果此时没有打好基础，孩子长大了就难以进行有效约束。

如当孩子要吃母乳时，母亲就会立即给予满足。事实上孩子并没有建立起系统的、有规律的进食方式，很多时候他们哭闹是因为有进食的欲望，此时，父母“想要就给”，只会助长孩子一味地扩张欲望而难以自控。

奥地利心理学家维尔海姆·史戴克说过："婴儿的欲求，你越是满足他，他就会越升级，无限地增加，绝不会有满足的时候。为什么呢？因为婴儿心理的自我控制机制还不发达，需要外界对其欲望加以必要的限制，这种限制也是越早越好。这样，婴儿就会借此学会放弃，学会满足。"在家庭中，规则的建立可以从母乳喂养开始，许多孩子经常哭闹，有的母亲常会用喂乳的方式让孩子安静下来。实际上，这种做法并不利于孩子的健康成长。

为了提升孩子的自控能力，父母应该采取规律喂乳的方式，帮助宝宝建立起规律的进食生活习惯，这也是在家庭中最早建立规则的方式之一。规律喂乳的方式不在于时间间隔的长短，根据宝宝的进食习惯尽可能按照一定的间隔时间喂乳。

许多孩子在十几岁甚至青年时期，会变得非常霸道，凡事以自我为中心，错误地认为，只要自己想要什么，他人就必须给予满足。这种行为表现往往和家庭教育的失败有关，或许是因为当孩子还是啼哭的婴儿时，父母就没能很好地遏制他们的欲望。

对孩子按规律喂乳是一种欲望控制，这是帮助孩子欲望节制的一种有效方式，可以刺激宝宝的眶额皮层发育，帮助宝宝更好地控制自身的行为。

【案例1】

于谦是明朝的名臣，他作风廉洁，为人耿直。他生活的那个时代，朝政腐败，贪污成风，贿赂公行。

地方官进京办事，总要先送白银贿赂上司，只有于谦从来不送礼。

有人劝他："你不肯送金银财宝，难道不能带点土产去？"于谦甩了甩他的两只袖子，笑着说："我只有两袖清风。"

【分析】

从这个故事中，我们感觉到于谦廉洁的作风、高尚的情操和人格魅力。他身居高位，在京多年，耳闻目睹官场污秽之风，感慨万端。然而他却自始至终保持清醒的头脑，"出淤泥而不染，濯清涟而不妖"。不攀附权贵，不阿谀逢迎，不随波逐流，自持高风亮节，维护人格尊严，弥见珍贵。

【案例2】

张老师教孩子注重抓基础，要求孩子学习宁可分数不高，也要把基础知识打牢。

张老师教育孩子的经验是：从小让孩子爱学习、会做事、有爱心。分解开来就是要热爱学习，目的明确；不能做书呆子，要善于把学到的知识运用到社会实践中，要在活动中体现自己的组织能力；要有爱人之心，助人之德，要爱父母、老师、同学、亲友，不能自私自利。

张老师的外孙女从海口一中选送到新加坡读书，后被新加坡国立大学、剑桥大学、诺丁汉大学等6所大学同时录取，现就读于英国剑桥大学。

【分析】

从张老师培养孩子的经验看，对孩子的严格要求要从孩子幼小开始，不放过每一个细小的环节，发现孩子的优点要及时表扬并给予适当的鼓励，发现缺点要及时地给孩子指出并讲明道理，督促孩子，从张老师的经验上我们不难看出：与孩子沟通是一门艺术，值得我们父母进行深入研究。

认知：

理解：

做件什么事	怎么做的	做中的感悟

准备：

学会做：

让适宜的环境促使孩子与人交往

【案例1】

陈景润不仅是数学奇才，在教育孩子方面也有独特见解。

陈景润对独生儿子陈由伟的培养方法是：民主对待儿子。家庭民主，父子民主，母子民主，使孩子能自由自在成长，使他的思维方法更具有个性。陈景润认为孩子有个性才能成才，文艺家、政治家、科学家都靠个性的发展才获得成功。

儿子天生聪明，每当他拿玩具时，总是好奇地把玩具解剖——拆开看个明白。当母亲拉下脸来严肃批评儿子时，陈景润总是乐呵呵地站在儿子一边说："孩子有好奇心是件好事。他能拆开玩具证明他有求知欲望，能研究问题，做父母的要支持他才对。"

儿子上小学后，常常向陈景润谈自己的事，学习、劳动或与同学的往来。陈景润都认真听着，然后给孩子当参谋，很快，他就获得了儿子的信任，和儿子成了朋友。

【分析】

陈景润认为，教育培养孩子，要因人而异，不同环境、不同性格，教育的方式方法也要不同。这正是这位举世闻名的数学家的过人之处。

【案例2】

爸爸："孩子快去把桌子上的菜端来。"儿子正集中精神做作业，放下自己的作业，跑去把一盆菜端来。

爸爸："去端圆桌上的菜。"儿子跑去圆桌旁端了一盆白菜。爸爸："不是这一盆，花色塑料盆里的。"儿子跑去端这一盆的时候，不小心绊倒了，菜撒了一地。爸爸怒斥道："什么事情都做不好，有什么用。"儿子心里很恼火，没有说什么，回到座位上，作业也没心思做了。

第二天，老师检查作业，儿子作业没做好。老师让儿子罚站。儿子觉得在同学眼中抬不起头。上课也不再认真听讲了，成绩逐渐下滑。

后来，儿子对自己越来越没有信心，开始怀疑自己的能力，于是就想办法逃课。

期末考试试卷发下来了，爸爸看到儿子考了倒数第5名，非常生气，吼道："说你没用，就是没用，平时让你用功，你不用功，考试就考成这样子，邻居家小红那么笨的孩子，都考得比你好。别人问我，我都不够丢人的，你真不争气！"

儿子面对父亲的指责，心情极度郁闷，独自回到自己房间，开始哭泣起来。

同学阿超来找他去玩游戏，儿子进了网吧就开始发泄，一连几天都泡网吧里。

后来，家人找到了睡眼惺忪的儿子，爸爸看到儿子的样子，气又不打一处来，声色俱厉地指责："你越来越不像话了，居然这么堕落，我没你这样的儿子。"儿子从内心里开始恨自己的父亲，开始先是躲避，每天和一些贪玩的、没有追求的孩子一起玩耍，后来越来越堕落。

终于在一次偷盗中，儿子被警察抓住，送进了劳教所。以后儿子的生活更加没有希望。他的一生就这样被毁掉了。

【分析】

成功的感觉能给孩子带来无比的快乐，虽然父母在事后可能需要收拾"战场"，但正是这种不断的麻烦才会培养出孩子的自信。

认知：

理解：

做件什么事	怎么做的	做中的感悟

准备：

学会做：

要完善孩子的认知行为

父母需要专注于培养孩子的认知行为，包括亲社会性、道德进化、攻击抑制、社交模式、性别观念等。

1. 亲社会性

亲社会性的培养主要在于多进行亲子互动，鼓励孩子多出去走走，多和小朋友交往。父母需要教育和引导孩子在处理社会关系的过程中表现出友善、谦让、分享、尊重、关爱的态度，确保孩子能够更好地处理好各种社会关系。

2. 道德进化

道德进化的培养在于强化孩子的道德观念，比如，提醒孩子多关心身边人，做一些他人认可且符合规则的事情，保持谦让、勤俭、礼貌等优秀的品德。

3. 攻击抑制

攻击抑制在于抑制孩子的攻击性行为，引导他们释放不良情绪，并鼓励他们以更合理的方式来处理矛盾，应对社交困境。

一般情况下，孩子在3岁的时候攻击行为会逐步增加，父母需要进行制止和给予适当的纠正，耐心讲述攻击行为可能产生的坏影响。

4. 社交模式

社交模式的强化主要是指强化与同伴之间的关系，鼓励孩子更多地和朋友或者同学一起玩耍、分享、合作，强化“我们”的概念，使他们能够从中找到乐趣，并且建立合作意识。

5. 性别观念

性别观念培养指的是父母从小就要教育孩子养成“男女有别”的性别观念。

在3岁的时候，孩子会对异性产生好奇，并且隐约意识到彼此之间的一些不同点，此时父母应该因势利导，进行早期教育，传授基本的生理知识，让孩子对异性和性有一个最基本的了解。

这个时候，父母在对待异性孩子时，应该适当保持距离，包括孩子洗澡、上厕所及换洗衣服，都要懂得回避，夫妻之间在孩子面前不要出现过于亲昵的动作，帮助孩子建立正确的性别观念和健康的人格。

心理学家认为幼儿园三年的成长非常重要，父母必须好好把握这段时间，应该意识到孩子的主要任务并不是学习多少知识，而是养成良好的生活习惯和行为习惯、提升生活自理能力、掌握社交技能、培养规则意识、学会分享和感恩等更为重要的东西。

【案例1】

晓晓外公、外婆和舅舅一家每天一起吃饭，十多年来一直其乐融融。在家里吃饭时，好吃的东西都请长辈先吃，平时大家都会听长辈的话。

晓晓的父母整天辛苦工作，每当劳累时，晓晓都会给父母捶捶背，做力所能及的家务活。

勤俭节约也是晓晓家的美德。在家里，父母要求晓晓勤俭节约，从小事做起，平时吃饭能吃多少盛多少，不能浪费食物，要吃干净碗里的每一粒米。

晓晓的姥爷更是“节约标兵”，每天都能做到“光盘”！

洗脸、刷牙、洗头、洗澡，以及每天打扫卫生的时候，他们特别注意节约每一滴水。在使用电灯、空调、电脑的时候，也注意节约每一度电。

【分析】

从小爸爸妈妈就教晓晓要有孝心，百善孝为先，父母也是很有孝心的人，在这个方面，晓晓的父母给晓晓做了榜样，使晓晓养成了良好的生活习惯。

【案例2】

1929年，胡适给儿子胡祖望写信，希望让他过“独立、合群、用功”读书的生活，信中说：“功课及格，那算什么？在一班要赶在一班最高一排，在一校要赶在一校最高一排。功课要考最优等，品行要列最优等，做人要做最上等的人，这才是有志气的孩子。”这时，胡祖望才十岁，离开父母，独自在外上学，父亲如此高的期望，感到“压力山大”。

次年，胡适即大失所望，接到学校发来的“成绩欠佳”的报告单，怒道：“你的成绩有八个‘4’，这是最坏的成绩。你不觉得可耻吗？你自己看看这表。”

最终，大儿子胡祖望虽然上过大学，但远未达到胡适对他的期望；次子胡思杜读了两所大学都未能毕业，却染上了不少坏习气。

晚年，胡适对秘书说：“娶太太，一定要受过高等教育的；受了高等教育的太太，就是别的方面有缺点，但对子女一定会好好管理教养的。只要父母有耐心，孩子没有教不好的。孩子教不好，是做父母的没有耐心。”可谓沉痛之语，意味深长。

在给江冬秀的信中，胡适亦自我反省道：“我真有点不配做老子。平时不同他们亲热，只晓得责怪他们功课不好，习气不好。祖望你交给我，不要骂他，要同他做朋友。”

【分析】

从胡适的家庭教育观中不难发现：孩子的成长与父母给孩子立规矩息息相关，没有规矩，不成方圆。“独立、合群、用功”就是胡适给儿子立的规矩:“功课及格，那算什么？在一班要赶在一班最高一排，在一校要赶在一校最高一排。功课要考最优等，品行要列最优等，做人要做最上等的人，这才是有志气的孩子。”

“娶太太，一定要受过高等教育的；受了高等教育的太太，就是别的方面有缺点，但对子女一定会好好管理教养的。只要父母有耐心，孩子没有教不好的。孩子教不好，是做父母的没有耐心。”说明父母的管教和立规矩是孩子成才的关键（图5）。

认知：

理解：

做件什么事	怎么做的	做中的感悟

做件什么事	怎么做的	做中的感悟

准备：

学会做：

本章复盘

◎ 小问题

回答下面的问题，帮助你理解培养个性与人格培养在家庭教育中的必要性。

1.对孩子个性与人格培养的目的是什么？

2.对孩子的个性与人格培养首先要做到什么？

3.对孩子的个性与人格培养的步骤是什么？

4.对孩子的个性与人格培养有哪些要注意的环节？

5.对孩子的个性与人格培养有什么效果和表现？

6.对孩子的个性与人格培养和掌握知识应该如何区别？

7.对孩子的个性与人格培养的方式不同，效果有什么不一样？

8.对孩子的个性与人格培养的问题有哪些？

如何做更好的父母

◎收起你的懦弱，摆出你的姿态，培养孩子的个性与人格，不要打击孩子的积极性！

◎就算周边的人（含家庭成员）都否定孩子，你也要相信孩子，不要管别人的看法。

◎孩子的能力是通过对孩子个性与人格培养出来的，要相信，世上本没有做不到的事，只有不做，才适得其反。

◎不管孩子如何，都可能不被欣赏，总有人认为他不够好，不管别人怎么看，你都不能忽略对孩子的个性与人格培养！

“管理好自己”思考题

【反向思维】

◎对孩子的个性与人格培养没有用，孩子就是不愿意学习！

◎对孩子的个性与人格培养到位了，孩子还是不好好学！

◎我对孩子的个性与人格培养，道不同不相为谋！

◎对孩子的个性与人格培养不到位，反而被别人瞧不起！

【正向思维】

◎对孩子的个性与人格培养之后，家庭和睦了！

◎对孩子的个性与人格培养之后，孩子的能力提高了！

◎对孩子的个性与人格培养之后，父母与孩子相处更融洽了！

◎对孩子的个性与人格培养之后，与孩子的误会没有了！

与心对话

每日一问：

家庭生活中总有一些磕磕绊绊的冲突点，很多事情都需要对孩子的个性与人格培养，你面对这些问题是怎么解决的？你身边的家庭又是怎么处理的？

请将在家里看到的记录下来：

参考文献

[1]迈克尔 · W.阿普尔.意识形态与课程[M].黄忠敬译.上海:华东师范出版社,2001.

[2]PIERRE B,JEAN-CLAUDE P. Reproduction in education, society and culture[M]. London,Eng:Sage Publications Ltd.1990.

[3]保罗 · 弗雷尔.被压迫者教育学[M].顾建新,赵友华,何曙荣译. 上海:华东师范大学出版社,2001.

[4]JEAN J. Studies in Socialism[M]. New York:Wentworth Press,2019.

[5]陶行知.陶行知全集[M].成都:四川教育出版社,2005.

[6]陶行知.中国教育改造[M].上海:上海亚东图书馆,1928.

[7]徐德春.做学教ABC[M].上海:上海世界书局,1929.

[8]陶行知.中国大众教育问题[M].上海:上海大众文化社,1936.

[9]陶行知.行知书信[M].上海:上海亚东图书馆,1929.

[10]陶行知.行知诗歌集[M].上海:上海儿童书局,1933.

[11]陶行知.行知诗歌前集[M].上海:上海儿童书局,1935.

[12]陶行知.行知诗歌三集[M].上海:上海儿童书局,1936.

[13]陈青之.中国教育史[M].北京:中国社会科学出版社,2009.

[14]孙培青,杜成宪.中国教育史[M].3版. 上海:华东师范大学出版社,2008.

[15]王陆.虚拟学习社区原理与应用[M].北京:高等教育出版社,2004.

[16]莱斯利 · P.斯特弗. 教育中的建构主义[M].高文译.上海:华东师范大学出版社,2002.

[17]日本筑波大学教育学研究会.现代教育学基础[M].钟启泉,译.上海:上海教育出版社,2003.

[18]ROBERT M G,WALTER W W,KATHARINE G,et al. 教学设计原理[M].王小明,庞维国,陈保华等译.上海:华东师范大学出版社,2007.

[19]周文彪.生活创新教育[M].北京:新世界出版社,2013.

[20]侯怀银,张宏波.社会教育解读[J].教育学报,2007:3-8.